Eugen Drewermann
Licht des Friedens

Eugen Drewermann

Licht des Friedens

Meditationen zum Advent und zur Weihnacht

Patmos

Eugen Drewermann veröffentlichte im Patmos Verlag
(Düsseldorf 1990, ^{4}1991) das Buch *Der offene Himmel* (hg. von Bernd Marz).
Das vorliegende Buch enthält Texte, die in dem genannten Buch bereits
veröffentlicht wurden, und versammelt darüber hinaus weitere Beiträge.
Die Bibeltexte sind dem Band
Die vier Evangelien übersetzt von Eugen Drewermann entnommen,
der im Patmos Verlag erschienen ist (Düsseldorf 2004).

Bibliographische Information der Deutschen Bibliothek

Die Deutsche Bibliothek verzeichnet diese Publikation in der Deutschen Nationalbibliographie; detaillierte bibliographische Daten sind im Internet über http://dnb.ddb.de abrufbar.

Umschlaggestaltung: butenschoendesign, Lüneburg
Umschlagmotiv: Gerard David (um 1460–1523),
Anbetung des Kindes (Ausschnitt).
Metropolitan Museum of Art, New York
Printed in Germany
ISBN 3-491-69411-6
www.patmos.de

Inhalt

Vorwort

Die Tage der Advents- und Weihnachtszeit sind nicht ein Warten auf etwas, das werden wollte oder sollte, auch nicht das Angedenken an etwas, das war; sie bilden vielmehr ein Kaleidoskop von Themen: Hoffnungen, Visionen, Sehnsüchten und Evidenzen, von Wesensbildern, wie sich unser Dasein wandeln könnte, wandeln müßte, um zu seiner Wahrheit hinzufinden.

Vom Untergang der Welt, von Neubeginn und Taufe, von Engelbotschaft und -verkündigung reden bereits die Texte der Vorweihnachtszeit und sind doch nur die Vorbereitung und die Einübung der Frage, wie das Gottesbild der Liebe, das in dem Mann aus Nazaret Gestalt gewann, sich unserer Wirklichkeit einprägen könnte. Woher erwächst in uns ein Wahrnehmungsvermögen, der Hymne der himmlischen Heerscharen über den Fluren Betlehems zu lauschen und inmitten dieser Kaiser-Augustus-Welt von militärischer Gewalt und weltumspannender Gier nach Geld, nach Machtgewinn, nach Herrschaft einen »Frieden« »der Menschen seiner Gnade« auch nur für möglich zu halten, ja, als unbedingten Auftrag zu begreifen? Wie lernen wir's, die Warnung unserer Träume zu verstehen, die tödliche Gefahr signalisieren angesichts dieser wie ganz normal verwalteten Herodes-Welt? Und das Symbol des Kindes, in dem Gott immer aufs neue die Wege unserer Menschwerdung versucht: dieses Ringen und dies Reifen um die Heilung und die Heiligung des Daseins im Schoße einer »jungfräulichen« Menschlichkeit, die unberührt bleibt von den Zwängen und Zumutungen des steten Kreislaufs von erbarmungsloser Konkurrenz und Krieg und Kapital und der sich ausdehnenden Knechtschaft von Millionen Menschen, von Milliarden Tieren?

Das alles muß so sein, war immer schon und kann sich auch nicht ändern? Wer »Weihnachten« als Wahrheit glaubt, der weiß um die Unwirklichkeit all dessen, was ihm bislang als Inbegriff geschichtlicher Vernunft oder politischer Verantwortung erscheinen mußte. Ein Ende von allem, Erlösung von all dem, und das nicht in einem fernen Utopia, sondern hier und heute im Namen aller, die keinen Tag länger leben können in dieser Winterwelt erkalteter Gefühle und mitleidloser Zweckgedanken, – das ist es, was der Mann aus Nazaret verkörpert.

Ein riskantes Leben? Gewiß. Ein drohendes Scheitern? Ja, sicher. Und doch: Der einzige Weg zur Wahrhaftigkeit. Kein Konflikt, der in Texten zu den Gottesdienst-Lesungen der Advents- und Weihnachtszeit vor nun schon 10 bis 20 Jahren geschildert wurde, hat in der Zwischenzeit an Aktualität verloren, im Gegenteil. Alles deutet darauf hin, daß wir im Jahre 2004 uns am Anfang eines Jahrhunderts befinden, das in der Monstrosität seiner Grausamkeit, seiner Ungerechtigkeit und seiner Gewaltbereitschaft sogar das zurückliegende blutbeschmierte 20. Jahrhundert noch bei weitem übertreffen könnte. Und doch wächst gerade damit das Bewußtsein auch der Sackgasse, in der wir stecken. 2000 Jahre nach der Ankunft des »Messias« ist sein Aufruf zum »Umdenken« in allem zur »Umkehrung« von allem nur um so dringlicher. Weihnachten läßt sich nicht feiern, es sei, die Frage wäre schon entschieden, was wir für Menschen sind: Wir wollten's endlich werden.

Eugen Drewermann

Zum Advent

Hoffnung auf ein neues Leben

[33] Seht zu! Bleibt wach! Denn ihr wißt nicht, wann die Zeit ist. [34] Wie
ein Mann außer Landes, der sein Haus verlassen und seinen Knechten
die Vollmacht (darüber) gegeben hat, einem jeden seine Arbeit, und
dem Türhüter hat er befohlen, zu wachen – [35] wachet deshalb! Denn
ihr wißt nicht, wann der Hausherr kommt, ob abends spät, ob um
Mitternacht, ob beim Hahnenschrei, ob am Morgen – [36] nicht daß er
plötzlich kommt und findet euch schlafend! [37] Was ich aber euch sage,
sage ich allen: Wacht!

Mk 13, 33–37

Immer, wenn es um letzte Entscheidungen geht, taucht unser Leben in eine Zwischenzone von Rettung und Gefahr, und das Reden von Gott, je nachdem, wie man dazu steht, nimmt den Charakter entweder von Verheißung oder von Drohung an.

Schön ist ein Spaziergang am Ufer des Meeres mit dem Ausblick ins Weite bis zu den Grenzen des unsichtbaren Horizonts. Aber an manchen Tagen, wenn ein schwüles Brüten über der See lagert, türmen sich am Himmel drohende Gewitterwolken auf und entfachen bald schon einen Sturm, daß der Wind heult und das Meer Schaumkronen an den Strand peitscht. Wer möchte dann noch sich dem Tosen der See aussetzen? Hinter den Deichen duckt man sich in den Schutz der Riedgrashütten, und nicht einmal die Sturmvögel und die Möwen wagen sich mehr hinaus in den Wind.

Eine bestimmte Art der schwülen Unlebendigkeit muß Gott wirklich fürchten wie einen Hausherrn, der verreist ist und nun unvermutet, d. h. *jederzeit* zur »Unzeit« wiederkommen kann. Nur: wann eigentlich kommt Jesus zu uns Menschen »rechtzeitig«?

Zu den am meisten beängstigenden Worten Jesu zählen wohl die Mahnreden von der Ankunft des Menschensohnes. Ist denn hier wirklich die Rede von einer fernen Zukunft, oder sammeln sich in diesem Bild im Grunde nicht schon all die Erfahrungen Jesu (und des Markus) mit seinen Zeitgenossen? So verborgen auch immer Jesus von sich selber spricht, in manchen Andeutungen läßt er durchblicken, daß in ihm all das lebt, was man an Heil erwartet und was in der Gestalt des kommenden Menschensohnes (nach der Weissagung aus Dan 7,13) personifiziert ist.

Um zu verstehen, was hier gesagt werden soll, darf man sich daher keine ferne Zukunft vorstellen; man darf nicht in See stechen wollen zu einem fernen Land Utopia; in uns selber und in jedem Menschen an unserer Seite lebt vielmehr alles, wozu wir eigentlich bestimmt sind. Im Herzen eines jeden Menschen läßt sich die Unendlichkeit des Himmels, die grenzenlose Schönheit der eigenen Seele, der Lockruf zur Weite einer unbegrenzten Freiheit entdecken und vernehmen, und eben dazu wollte Jesus einen jeden Menschen auffordern. Er wollte ihm Mut machen, an den Traum seines Lebens wirklich zu glauben; er sollte nicht denken, das Heil komme irgendwie von weit außerhalb seines eigenen Lebens; vielmehr sollte er sein Vertrauen darauf setzen, daß gerade in den kühnsten Visionen seiner selbst die wahre Gestalt seines Wesens sichtbar werde. Niemals also sollte er seine Kindheitsträume verlügen oder ihnen in Resignation abschwören. Wie sehr hat Jesus einen jeden förmlich angefleht, an sein Königtum zu glauben, den Wert seiner eigenen Person zu fühlen und die Augen aufzuschlagen für die Schönheit und die Größe, die in ihm liegt und die einen jeden Menschen, den wir näher kennenlernen, auszeichnet!

In vielen Gleichnissen hat Jesus so gesprochen. Seine Hände haben die Augen von Menschen berührt, die blind geworden waren in Einsamkeit und Hoffnungslosigkeit und die sich unter seinen Worten wieder öffneten zum Licht. Sie haben die Haut von Menschen berührt, die wie verätzt war von dem Gefühl der Scham, der Unreinheit und der Verwundung durch andere und die sich selbst zurückgegeben wurden, heil und ansehnlich unter den Augen anderer. Wie sehr hat Jesus glauben wollen an die Schönheit und die Würde eines jeden Menschen! Aber bis zur Bitterkeit mußte er erleben, daß man sich die Ohren zuhielt und nicht hören wollte, daß man sich die Augen zuhielt und nicht sehen wollte, daß man sich den Mund zuhielt und nicht sprechen wollte. Denn immer findet und erfindet unser KZ-ähnlich umzäuntes Leben im Getto der Angst Gründe, sich selber zu schützen, sich weiter zu verbarrikadieren und sich geradezu pflichtweise vom Heil abzuschnüren.

Was ist zu tun, wenn Menschen schließlich so sehr mit ihrem Un-Leben identifiziert sind, daß sie die Möglichkeit ihrer wirklichen Existenz voller Schrecken zu fürchten beginnen, daß sie den Ruf ins Weite wie einen Taumel erfahren und das Reden von Gott wie eine Zumutung erleben? Es gibt tief in uns allen jene furchtbare Form der Verzweiflung, die schon gar nicht mehr weiß, noch wissen will, daß es jemals so etwas wie Hoffnung gab; es gibt jene abgründige Resignation, die durchaus keine Erinnerung mehr daran besitzt, was Träumen heißt; es gibt jene schreckliche Umnachtung, in der kein Gut und Böse, kein Laster und keine Tugend, keine Größe und keine Niedrigkeit mehr existiert, nur noch das Einerlei und Allerlei, das alltägliche Nichts, aufgeblasen zur Existenzform. Am Ende gibt es nur noch die Bestimmungen des Äußeren. »Man« lebt nicht mehr, man wird gelebt und will schon gar nicht mehr wissen, wie sehr man selber dazu beiträgt, das Leben als einen bloßen Tummelplatz von »Zufällen« zu arrangieren. Aus Schwäche und Feigheit existieren am Ende wirklich nur noch die Umstände, abgesegnet von den »Sprichwörtern« der Unverantwortlichkeit: man hat nie etwas gewußt, man hat nie etwas gehört, man hat nie etwas gesehen, man hat nie etwas getan; Schuld, Grund und Ursache für alles sind die Umstände, waren die Umstände und werden die Umstände sein; weitab, daß man jemals zu einer eigenen Existenz hätte berufen sein wollen oder aus der Masse der anderen als eine eigene Person sich erheben möchte! Ist es so weit gekommen, so wird es in der Tat *schrecklich,* auch nur davon zu sprechen, daß ein Mensch überhaupt erst zu leben beginnt, wenn er als Individuum zu existieren anfängt und sich in seinem Dasein von den anderen als Person unterscheidet.

Es war die Erfahrung Jesu, daß reif für das Heil eigentlich nur diejenigen sind, die das Leiden noch nicht ganz verlernt haben, die die Hoffnung und die Sehnsucht nach einem anderen Leben noch nicht gänzlich aufgegeben haben, die m. a. W. noch fähig sind zu *weinen.* Diese Menschen sprach er selig, weil sie allein noch verletzbar genug sind, um das übliche Dahinvegetieren unerträglich zu finden und an ein anderes Leben mit aller Leidenschaft zu glauben (Mt 5,3–12). Solche Menschen sind es, die, ob sie es wollen oder nicht, den Einbruch des Heils mit aller Leidenschaft herbeisehnen *müssen.* Was Jesus hier als *»Wachsamkeit«* bezeichnet, gehört, je nachdem, zum Wunderbarsten oder Furchtbarsten, was es im Menschenherzen geben kann: *furchtbar,* wenn es hereinbricht wie eine Sturmflut über den Deichen, wunderbar, wenn es erfahren wird als die einzige Hoffnung, die uns noch bleibt. Man erlebt das Wunder einer solchen »Wachsamkeit« bezüglich der letzten Chance, bezüglich der »Ankunft des Menschensohnes«, unter Menschen immer wieder: daß nach langen Jahren des seelischen Vertrocknens, der inneren Wüstenei, plötzlich, bei Anbruch der Regenzeit, in wenigen Tagen aus Pflanzen, die sich ihr Leben lang zu stacheligen Gebilden zusammengerollt haben, die herrlichsten Blüten hervorbrechen. In ähnlicher Weise können Menschen in wenigen Augenblicken ungeahnte Kräfte freisetzen, wenn sie nur erst wissen und spüren, daß es jetzt ein für allemal darauf ankommt; dann streifen sie alle Angst ab, brechen die Enge auf und halten sich an ihr stärkeres, an ihr eigentliches Leben und Wesen.

Diese Wachsamkeit für den Moment, in dem unser Leben sich wesentlich entscheidet, diese Sensibilität gegenüber unserer eigenen Menschlichkeit wollte Jesus uns nahebringen. Wir sollten nie vergessen, wozu wir von Gott her bestimmt sind. – Eben deshalb sollten wir die Verzweiflung nicht unser Glück nennen und die Traurigkeit inmitten einer Welt des Un-Lebens nicht durch das laute Getöse der Schein-Frohheit betäuben.

In Anspielung auf diese Worte des *Markus*-Evangeliums hat Sören Kierkegaard einmal von der Ankunft des Menschensohnes ein Gleichnis gebraucht: In einem Theater tritt der Bajazzo auf die Bühne. Er sagt dem Publikum, daß das Theater brennt. Man applaudiert und lacht. Der Bajazzo verschwindet hinter dem Vorhang und tritt noch einmal auf. Sehr ernst sagt er: »Das Theater brennt.« Man applaudiert noch mehr. Und die Balken stürzen nieder unter dem johlenden Gelächter all derer, die da dachten, er mache nur einen Witz. »Wachet, denn ihr wißt nicht, wann der Hausherr kommt.« (Mk 13,35)

Liebe wagen gegen die Angst

[25] Und es werden Zeichen sein an Sonne und Mond und Sternen und auf Erden Völkerbangnis, ausweglos vor dem Tosen des Meers und dem Wogen, [26] wenn die Menschen seelenlos werden vor Furcht und Erwartung dessen, was kommt über die ganze bewohnte Welt; denn die Mächte der Himmel werden erschüttert werden. [27] Doch dann werden sie schauen den Menschensohn, kommend in einer Wolke mit Macht und Herrlichkeit – groß. [28] Beginnt aber das zu geschehen, bückt euch auf, hebt eure Häupter, denn es naht eure Erlösung … [34] Haltet auf euch, daß nicht beschwert werden eure Herzen mit Völlerei und Trinkerei und den Lebenssorgen, daß herantritt an euch plötzlich jener Tag. [35] Denn wie ein Fangnetz wird er drüberhingehen, über alle, die das Antlitz der ganzen Erde bewohnen. [36] Bleibt also wach zu aller Zeit, betend, daß ihr's vermögt, zu entfliehen all dem, was da geschehen wird, und hin zu treten ins Antlitz des Menschensohns.

Lk 21, 25–28.34–36

Worauf dürfen wir hoffen, und was haben wir zu erwarten? Es gibt die Optimisten vom Dienst; für sie bedeutet Hoffnung und Zuversicht, daß die Welt immer nur besser werden kann; undenkbar ist für sie der Gedanke möglichen Scheiterns, möglicher Tragik, möglichen Untergangs. Wer ihnen so spricht, den nennen sie einen Schwarzmaler, einen Pessimisten, einen Hoffnungsmörder oder überhaupt einen hoffnungslosen Charakter. Die Christen zählen in den Augen der Optimisten unverbesserlich zu solchen endzeitlichen Apokalyptikern, zu solchen hoffnungslosen Kreaturen. Man kann nicht Christ sein, ohne von Grund auf über den Gang der menschlichen Geschichte und den Lauf der Welt buchstäblich bis ins letzte desillusioniert zu sein. Seit den Tagen von Golgota steht dies fest: Wenn es die Logik der menschlichen Geschichte ist, nicht irgendein Malheur, keine Nebensache, sondern ihr Hauptthema, die Liebe, kaum daß sie sich regt, an den Pranger zu stellen, zu verleumden und so rasch wie möglich zu liquidieren; wenn es im Interesse aller Logik von Herrschaft und Gewalt liegt, die Freiheit zu schänden und mit Füßen zu treten, dann kann man nur von Herzen hoffen, daß diese Art von Geschichte so rasch wie möglich ihr Ende findet.

Was nennen wir Geschichte außer eben die Verwaltung der Egoismen im kleinen und im großen? Man schlägt die Zeitung auf und liest, dies sei die gute Nachricht: zu Weihnachten dürfen wir im Einzelhandel wieder einmal mit einem großen Umsatz rechnen, denn das Konsumverhalten steigt, und es ist ein guter Mensch, dessen Konsumverhalten steigt, er sorgt für die Erweiterung der Absatzmärkte, die Erweiterung der Investitionen, der Fortschritt greift, die Arbeitslosen werden weniger, eine gute Nachricht. Man kann nicht leugnen, daß das seine wirtschaftliche Vernunft und Logik hat. Wieder: ein Saboteur am Volksvermögen, der sagen würde, diese Art von Engstirnigkeit, von Kleinkariertheit bei 50 Millionen Verhungernden im Jahr könne man nur von Herzen zu Ende wünschen und ihr möglichst baldiges Verschwinden ersehnen. Das ganze Christentum besteht darin, die Engstirnigkeit dessen, was wir geschichtliche Vernunft nennen, als einen einzigen Alptraum der Inhumanität zu begreifen.

Man sagt uns, daß überhaupt eine Fortentwicklung der menschlichen Geschichte nur möglich ist, wenn sich der Fortschritt lohnt, materiell, versteht sich. Es müssen die Tüchtigen bezahlt werden, ausgezahlt werden, in Lohnsklaven verwandelt werden, sagen wir's gradaus. Wie aber, wenn das Christentum recht hätte: es sei, weiß Gott, möglich, sich noch für etwas anderes zu engagieren als den verdammten Geldbeutel, es gebe Hoffnungen und Visionen der Menschlichkeit, die über den verwalteten Egoismus hinausgingen, und es sei ganz sicher, daß wir uns den Ruin schaufeln, wenn wir nur so weitermachen wie bisher in Sicherheit, Herzensträgheit, Gedankenfaulheit und Sattheit? Dies einfach, daß es so weitergeht, ist ja schon der Ruin, es braucht sich gar nichts zu ändern, kein Spektakel, Zeichen an Sonne, Mond und Sternen durchaus überflüssig, denn es gibt kein Licht über uns zu sehen, weder am Tage noch in der Nacht, es gibt keine Sterne, denen wir folgen mit bloßen Füßen als Sehnsüchtige im Dunkel, als Hoffnungsbesessene in der Finsternis, wohl aber gibt es das andere, daß die Erde und ihre Völker voll sind von Angst und das Meer, der brausende Abgrund dicht an die Peripherie drängt, und schon hört man das Rauschen.

Wer so spricht, macht allen angst, und er wird dazu nötigen, sich die Ohren zuzuhalten. »So war es doch immer, vermutlich wird es so weitergehen …« Aber dies weiß das Christentum: Es lohnt sich nicht, vor Katastrophen Angst zu haben, schon gar nicht vor solchen, die nur reinigen können. Es lohnt sich nicht, Untergänge zu fürchten, die nur überleiten zu einer wahreren Form des Menschseins. Wieviel eigentlich an Tödlichem, an ganz Alltäglichem muß in uns sterben, ehe wir anfangen können, wirklich zu leben? Wieviel Freiheit von den Scheinsicherungen, den künstlichen Verführungen, den Wortverfälschungen aller Werte und Begriffe brauchen wir noch, ehe wir uns trauen, ein Leben zu führen, das den Namen verdient?

Die frühen Christen konnten das nicht anders sehen. Es war möglich, Jesus umzubringen, aber nicht das Leben, das er bringen wollte. Wenn irgend etwas wahr ist auf dieser Welt, dann die Worte der Bergpredigt: Selig die Armen. Selig die Weinenden. Selig, die noch trauern können, über diese – oft möchte man sagen: gottverdammte – Erde trauern können. Sie werden Hoffnung haben. Sie sind nicht lebendig tot. Sie sind noch nicht begraben. Nehmt euch in acht, sagt Jesus in dieser seiner letzten großen Vision im Lukasevangelium, hütet euch vor dem Rausch, der Besoffenheit und den Sorgen des Alltags. So kann man's machen, so werden wir uns anpassen, wenn wir wollen, daß wir mit dabei sind und mitmachen, wie man es vormacht, das Leben als Party und als Fete oder als ein bewußtloses Verdösen oder als ein Vor-sich-hin-Wühlen nach der Art der Maulwürfe im Dunkeln.

Wir Menschen vertragen es nicht und es gehört sich nicht für uns, nach dieser Art zu verkommen. Vor uns liegt die Weite der Unendlichkeit, und dieses irdische Dasein, die paar Jahrzehnte, die wir hier zubringen, brauchen nicht zu sein und sollen nicht sein eine lebendige Falle, stets unter dem Schlagbügel des Todes, der Vergänglichkeit und der von vornherein feststehenden Nichtigkeit von allem. Wir können hoffen über den Untergang hinaus. Vieles muß vergehen, ehe wir auferstehen, und nicht einmal der Tod ist fürchterlich. Danach wartet eine ganze Ewigkeit.

Es ist und war die Hoffnung dieser Visionen, daß das, was im kleinen gilt, sich ausdehnen läßt auf die gesamte Welt. Selbst physisch werden weder dieser Planet noch unser Sonnensystem noch unser Milchstraßensystem mit hundert Milliarden Fixsternensonnen noch die hundert Milliarden von Milchstraßen bestehen bleiben. Man ist grad dabei, zu prüfen, ob dies alles einen Kälte- oder Hitzetod sterben wird, aber vergehen wird es sicher, die Sonne in fünf Milliarden Jahren, der Kosmos in fünfzig Milliarden Jahren, all das läßt sich berechnen, irgendwann einigermaßen sicher.

Aber was ist mit unserem Leben, was ist mit Gott? Was ist mit dem Schicksal der Menschheit? Diese Fragen müssen wir beantworten, und es wird immer nur dieselbe Antwort geben: Wir haben ein Recht, die Liebe zu wagen gegen die Angst. Wir haben die Möglichkeit, unser Herz zu weiten gegen die Erstickung. Wir haben Grund zur Hoffnung, jenseits der Gräber, jenseits des Todes, jenseits des Zusammenbruchs. Wenn der Vorhang zerreißt, sehen unsere Augen das Licht.

DER DA KOMMT IN GEIST UND FEUER

1 In jenen Tagen aber findet sich Johannes der Täufer ein, als Verkünder
in der Wüste von Judäa, 2 sprechend: Kehrt um! Denn genaht hat sich
das Königtum der Himmel.

3 Dieser ist es ja, der angesagt ward durch Jesaja, den Propheten, sprechend:

Stimme eines Rufers in der Wüste:
Bereitet den Weg des Herrn.
Gerade macht seine Pfade.

4 Er selbst aber, Johannes, hatte sein Gewand aus Kamelhaar und
einen Ledergürtel um seine Hüfte; seine Speise aber war: Heuschrecken
und wilder Honig. 5 Damals zog hinaus zu ihm Jerusalem und ganz
Judäa und das ganze Umland des Jordan, 6 und sie ließen sich taufen
im Jordanfluß – von ihm, im Bekenntnis ihrer Sünden.

7 Er sah aber viele von den »Pharisäern« und Sadduzäern zur Taufe
kommen; da sprach er zu ihnen: Schlangenbrut! Wer unterwies euch
zu fliehen vor dem anbrechenden Zorn (Gottes)? 8 Bringt jetzt Frucht,
würdig der Umkehr! 9 Und meint nicht, euch sagen zu können: Zum
Vater haben wir Abraham. Denn ich sage euch: Es kann Gott aus diesen

Steinen (hier) Abraham Kinder erwecken. [10] Schon aber ist die Axt an die Wurzel der Bäume gelegt; jeder Baum jetzt, der nicht gute Frucht bringt, wird ausgehauen und ins Feuer geworfen.

[11] Ich freilich taufe euch (nur) mit Wasser auf Umkehr hin; der aber nach mir kommt – stärker als ich ist er, bei dem ich nicht wert bin, (auch nur) seine Sandalen auszuziehen. Er wird euch taufen in heiligem Geist und Feuer, [12] er, bei dem die Worfschaufel (schon) in der Hand ist. Ja, aufräumen wird er seinen Dreschplatz: sammeln wird er sein Korn in der Scheune, aber die Spreu wird er verbrennen in unauslöschbarem Feuer.

Mt 3, 1–12

Hinterher wissen wir's alle. Wenn der Sturm der Geschichte sich gelegt hat, ducken sich die Gräser im Schatten der stehengebliebenen Bäume und anerkennen sie als ihre gültigen Herren. Wie aber ist es zeitgleich, mitten im Sturm?

Träte Johannes der Täufer in unseren Tagen auf, würde seine Stimme einen Orkan von Worten entfachen, die uns schwer in die Ohren und mühsam über die Lippen wollten. Schon der Ort der *Wüste,* den er sich für sein Wirken wählt, ist eine einzige symbolische Verneinung. Da hat man nach der Rückkehr aus dem Exil geglaubt, man könnte Israel wieder auferbauen, indem man sich klammerte an die geschriebenen Gesetzesworte und sie so getreu auslegen ließe, wie es rabbinischer Sachverstand nur irgend fertigbekommt, und man könnte das Leben vor Gott und zwischen den Menschen ordnen unter der Weisheit der Priester; man hat die letzten Habseligkeiten für die Errichtung des Tempels ausgegeben, man hat sich eingeordnet in Kult und Opfer, und wirklich schien es eine Zeitlang, wie wenn der Segen Gottes auf seinem Volke ruhen wollte. Aber genau diesen Glauben will nicht und teilt nicht Johannes der Täufer. Ihm dauert die Ruhe längst schon über 300 Jahre zu lange; ihm ist es fast egal, daß von außen her das Volk der Erwählung umgetrieben wird von dem Treibstecken aller möglichen Besatzer, Eroberer und Zwingherren. Was ihn quält bis zum Aufschrei, ist die Behäbigkeit einer Religion, von der kein neuer Funke mehr ausgeht, kein wirklicher Gedanke. Ein Volk, berufen, der gesamten Welt ein Leuchtzeichen im Dunkeln zu sein, und da: Es verwaltet voller Angst nichts weiter als seine eigene Tradition, es kuscht voller Verzagtheit zusammen, es duckt sich und ist froh, wenn es nur überlebt – das ist nicht die Religion, die ein Mann wie Johannes der Täufer sich vorstellt. Tatsächlich wagt in Israel in seinen Tagen niemand mehr, einen eigenen Gedanken, ein eigenes Wort zu äußern, alles ist von den Theologen zu Ende erklärt, vorwegkommentiert, gesetzlich reguliert, ehe es aus eigenem Erleben sich zurückmelden kann, und genau diesen Zustand will nicht Johannes der Täufer.

Religionsgeschichtlich kann man sagen, er gehöre einer fast schon fanatischen Gruppe am äußersten rechten Rand Israels an, doch eine solche Einordnung erklärt nicht sein Geheimnis. Die Stärke seiner Person liegt auch nicht allein in dem Widerspruch seines ganzen Auftretens gegenüber dem Kulturland, sie ist nicht schon gegenwärtig in der Wüsteneinsamkeit und stacheligen Dorngestalt seiner ganzen Figur – nicht um Ledergürtel und Kamelhaargewänder im Typus des dramatisch zurückgekehrten Propheten Elija geht es primär; wohl aber geht es Johannes als erstes um die Absage an die gesamte offizielle Religion. Was da geschieht in Jerusalem, was da ausgeht von der heiligen Stadt und herüberkommt von den Autoritäten, die sich, wie üblich, berufen auf Tempel, Thron und Altar, all das erstickt in den Augen des Johannes die Menschen, all das hindert sie am Leben, all das läßt sie nicht wirklich zu Gott kommen. *Das* offensichtlich ist der Punkt, weswegen er zurück will zur *Wüste* des *Moses* und zur Botschaft des *Elija,* zur alten Prophetie: Man soll endlich aufhören, sich mit faulen Ausreden zu beruhigen, indem man das Leben auf schizophrene Weise zweiteilt: *Hier* hat man sein bürgerliches Dasein, und *da* hat man seine verwaltete Religion. Eine solche Aufspaltung hat mit Gott nichts zu tun, sie hat mit Freiheit nichts zu tun, sie hat mit Aufbruch nichts zu tun. Ein solcher bürgerlicher Kompromiß verleugnet den Gott Israels, das ist die Meinung dieses Mannes. Also gilt es zurückzukehren in die Tage, in denen noch nichts feststand zwischen Gott und Mensch und alles noch sich bewegte, wo der Exodus noch die gelebte Wirklichkeit eines ganzen Volkes war. Niemand damals wußte, was morgen kommen oder sein würde. Wenn jemand aus den Völkern damals die Menschen unter der Führung des *Moses* fragte: Woran glaubt ihr? so hatten sie keine Priestertheologie und keine Rabbinerüberlieferung zur Verfügung, um sich vor sich selbst und vor Gott zu schützen. Auf die immer wieder gestellte Frage: »Wie heißt denn euer Gott?« konnten sie nur sagen: »Er sagt's uns nicht; er hat uns erklärt: Mein einziger Name lautet: Ich werde dasein, als der ich dasein werde« (Ex 3, 14); mit anderen Worten: »Verlaßt euch auf mich als auf ein Geheimnis, das ihr nicht kennen könnt; dieses unsichtbare Geheimnis wird euch trösten, wenn ihr es braucht; es wird euch quälen, wenn ihr euch darüber ausruhen wollt; es wird euch nach vorne zwingen, wenn ihr zurückschauen möchtet; es wird immer anders sein, als ihr es wünschet, wenn ihr nichts weiter haben möchtet als euere Ruhe. Aber dieses euer Voranschreiten durch die Wüste bin Ich, dieses Leuchten der Feuersäule bei Nacht, dieses flammende Rauchzeichen am Tage, diese ständigen Markierungspunkte am Horizont, die euch weiter und weiter nach vorn führen auf einem nicht endenden Weg einer Verheißung, auf dem Weg eines Traums und Versprechens, irgendwo hinter den Bergen jenseits der Wüste wohnte euer wirkliches Zuhause – dieses Gehen und Suchen und vorübergehende Finden – das bin Ich, euer Gott.«

So mochte Johannes der Täufer den Gott des Moses und Elija zurücktragen zu den Menschen: mit glühendem Herzen.

Mit der Religion ist es wie mit der Liebe – sie ist zeitlos und quer durch alle Historie, und man kann sie nur verstehen in der unmittelbaren Ergriffenheit der Gegenwart. So schrieb Heinrich Heine im *»Buch der Lieder«* von der Liebe einmal: »Es ist eine alte Geschichte,/doch bleibt sie immer neu,/und wem sie just passieret,/dem bricht das Herz entzwei.« Solche Menschen mit einem glühenden oder zerbrochenen Herzen sind die Menschen, die wir *»Propheten«* nennen. Man kann sich ihnen nicht entziehen. Wie würden *wir* antworten, wenn Johannes der Täufer heute zu uns käme? Gewiß, er würde uns erschrecken, denn er raubte uns jede Sicherheit, und wir würden schon deshalb vermutlich dieselben faulen Erklärungen wieder auflegen, die seine Zeitgenossen damals schon bereithatten: So kann es nicht sein, dachten sie, ein wirklicher Neuanfang in Sachen Religion, das ist unmöglich! Gott offenbart sich nicht dem Abraham, dem Moses und all den Propheten später, er richtet keinen Tempel, keinen Kult, keinen Priesterdienst ein, ohne daß es dann dabei bleibt! Gott ist treu! Was er damals gesagt hat, das gilt auch heute, das gilt auf ewig. Da kommen keine Neuerungen zustande, wie dieser

Johannes uns weismachen will, als ob alles Überkommene plötzlich nicht mehr gelten würde. Das kann nicht sein, dagegen steht der gesunde Menschenverstand, der gesamte theologische Sachverstand, das geballte nationale Überlebensinteresse, dagegen steht alles, was uns heilig, lieb, gut und wert ist.

Aber vielleicht ist es zumindest bei einzelnen Menschen auch umgekehrt. Immer wieder gibt es Menschen, die das alles nicht mehr aushalten, was den anderen, den Ordentlichen, den Gesunden, den Richtigen lieb und gut und empfehlenswert ist, sie leiden daran und fühlen sich darunter wie erstickt. Diese Leute, ganz sicher, werden kommen aus »Jerusalem« und »Judäa«; sie werden den Mut zu einer schon kaum noch für möglich gehaltenen Hoffnung gewinnen und denken: Vielleicht gibt es das doch – ein Leben noch einmal von vorn! – An dieser Stelle ist das Bild der kirchlichen Liturgie vom *»Advent«* nicht so falsch; wir müssen uns nur hüten, diesen »Advent« alle Jahre wieder zu einer rituellen Gewißheit zu verfeierlichen, die niemanden stört und niemandem nützt, so als wäre, was wir dieses Mal verpassen, beim nächsten Mal gewiß immer noch zu erhaschen. Ein solcher ritualisierter Advent gilt nie jetzt, nie unbedingt; er gleitet immer wieder ab, er entwischt zwischen den Fingern, und am Ende ist er wie nicht gewesen. – Gott sei Dank gibt es Menschen, die halten es nicht aus, zu lange zu warten. Sie verstehen den Mann am Jordan. Sie begreifen, warum Johannes der Täufer *Entscheidungen* erzwingen möchte, und zwar unbedingt heute, auch wenn die einzige Resonanz, die er bekommt, sich auf diese Menschen beschränkt, die sich wie gequält, wie ausgesetzt, wie am Rande des Lebens fühlen. Sie freilich haben ein Leben lang darauf gewartet, daß jemand sagt: Fangt von vorn an; wagt euch noch einmal und lebt, wie wenn ihr neu zur Welt gekommen wäret, beginnt noch einmal von vorn und lebt wirklich.

Die Botschaft des Johannes ist in der Tat wie ein adventlicher Traum voller Hoffnung und Gefahr. Wir müssen nur einmal anfangen mit dem Nachsinnen über unser ungelebtes Leben, über dieses so oft erstickte, mitunter sogar im Namen von lauter guten Absichten und Vorsätzen abgelebte Leben! Wie viele Auskünfte und Redensarten im Namen Gottes womöglich, wie viele zuversichtlich scheinende Erkenntnisse der Gesellschaft ringsum wurden uns seit Kindertagen mit auf den Lebensweg gegeben! Wer aber hat den anderen schon mal gefragt, was er hätte sein können und was er im tiefsten sein möchte, wie vieles in ihm verschüttet wurde und was alles nie zum Vorschein kommen durfte? Manchmal meldet es sich nachts, klopft an die Fenster, macht Angst wie ein Spuk und ist doch in Wahrheit unser Verbündeter. So viele Wahrheiten liegen und lauern in uns, sie knurren uns an wie bösartige, zur Unzeit geweckte Tiere, fletschen die Zähne, schlummern wieder ein, aber warten doch immer darauf, freigelassen zu werden. Und nähmen wir sie und fügten sie ein in unser Leben, so würden sie vermutlich zahm und fröhlich und bereiteten uns und den anderen Menschen viel an Freude, Vitalität und Zukunft. Wieviel Verschwistertes lebt in uns, das kennenzulernen wir nie gewagt haben! An all diesen Zonen des allzufrüh vom Leben Abgesonderten hängen unsichtbare Verbotsschilder, auf denen steht: Es geht nicht an, so zu leben; es ist unvernünftig, sich darauf einzulassen; so kommt man nicht vorwärts auf der Bahn des Erfolges; so dumm und kindisch sollte man nicht sein, sich derart zu blamieren. – Ein Leben lang haben wir es so gehört. Jetzt aber geht es buchstäblich darum, all das Kindliche, das Unterdrückte anzuschauen, es aufzunehmen und zum Leben zuzulassen. Ein solcher Neuanfang ist keine Illusion, wenn wir nur den Mut dazu haben.

Dabei schreckt Johannes nicht davor zurück, den fehlenden Mut der Angst mit noch größerer Angst zu beantworten. Wer das richtige Leben vor Gott nicht jetzt ergreift, dem entgeht die buchstäblich letzte Chance, meint er. Die spätere Erklärung der Bibel wird diesen Entscheidungsdruck noch verstärken und sagen, Johannes der Täufer sei nur ein Vorläufer dessen gewesen, der nach ihm kam: des Jesus von Nazaret, und er selber habe hingewiesen auf ihn wie auf jemanden, der mit heiligem Geist die Menschen taufen werde. *Heiliger Geist!* Wenn das wäre, so gäbe es in uns eine Stimme, die redete wahr, und wir brauchten sie nur zu hören – es meldete sich in uns selber etwas aus eigenem Leben zu Wort und trüge uns bis hinauf zu den Sternen, und wir könnten wirklich *sein* mit unserem oft so kleinen, gefürchteten, gedemütigten Leben! Wir wären so groß vor dem Horizont! Ganz zu Recht meint Johannes, daß wir dabei nicht warten sollten auf eine ferne Zukunft, auf ein späteres Leben; alles, was vor Gott gilt, gibt es jetzt, so unabgesichert auch immer, so wenig klar in den erscheinenden Konturen vielleicht noch; immer ist es möglich, die Unbedingtheit der Wahrheit aufzugreifen, die wir vor uns sehen, und die Entscheidung nicht zu verzögern. Mit glühender Ungeduld sollten wir das bißchen Wahrheit in unserem Leben zusammenkehren und mit aller Macht in die Asche blasen, bis daß es zum Feuer wird. – Freilich, es gibt Systemtheoretiker, die mit guten Gründen darlegen, daß man ein Gesellschaftssystem, ein lebendiges, organisches Gebilde überhaupt niemals total ändern könne, allenfalls nur in den winzigsten Formen, gewissermaßen nur an den nebensächlichen Rändern; die Grundstruktur, die Hauptformation aber müsse stets unangetastet bleiben. In der Tat: Wer etwas im ganzen ändern will, den wird man behandeln, wie der menschliche Körper eingedrungene Schad- und Fremdstoffe abstößt – das gesamte Immunsystem richtet sich dagegen und sucht, das Fremde totzumachen. Johannes der Täufer wird nur wenige Monate noch leben, und auch Jesus von Nazaret, kaum daß er auftritt, wird nur wenige Jahre existieren unter den Menschen. Und doch muß der Wille, das Vertrauen dieser beiden Großen, es gebe einen wirklichen Anfang, als der Beginn unseres Lebens gelten. Auf wie vieles haben wir schon gehofft und denken bis heute noch immer, es könne nicht kommen, es lasse sich nicht realisieren!

Soziale *Gerechtigkeit* zwischen Norden und Süden zum Beispiel – sie scheint nach wie vor unerreichbar, obwohl wir sogar ganz deutlich wissen, daß wir sie dringend brauchen und daß der Kampf um die Ressourcen nicht auch noch ein weiteres Jahrhundert bestimmen kann.

Oder: *Beseitigung von Krieg, Militär und Rüstung* – es scheint uns ebenfalls heute noch unmöglich, die Bundeswehr abzuschaffen und doch wissen wir, daß es keine Kriege mehr geben darf –, sie lösen keine Probleme, sie schaffen nur immer wieder nichts als Unglück, Tod und Leid. Es darf Kriege moralisch nicht mehr geben, wir wissen das genau, aber wir schlittern immer noch dahinein aus Gewohnheit, aus Trägheit oder auch nur, weil der nächste Krieg ein paar tausend Kilometer weit weg ist und er uns schon nicht treffen wird; *wir,* denken wir, werden schon obenauf schwimmen wie Öl auf dem Wasser bei den Kriegen, die wir um das Öl führen.

Oder: Noch vor einem Jahrhundert haben wir geglaubt, daß eine *Gleichstellung zwischen Farbigen und Weißen* ein Ding der Unmöglichkeit sei; wir wissen heute, daß es entweder *eine* Menschheit gibt oder keine Menschheit.

Oder *Gleichberechtigung zwischen Mann und Frau* – in weiten Teilen der Welt scheint ein solches Ziel noch unglaublich weit entfernt zu sein, und dennoch ist es schon heute ein Gebot der Stunde, nicht zuletzt in unserer eigenen Kirche.

Oder: Güte und *Mitleid mit der Kreatur,* die uns umgibt! Man denke sich eine Menschheit, die damit aufhören würde, Tiere zu töten, nur um sie zu essen! Solange Menschen Tiere essen, meinte Leo Tolstoi, werden sie auch Kriege führen. Es gibt so viele Aufgaben und Ziele eines »neu begonnenen«, eines »neu geborenen«, eines »aus Geist getauften Lebens«, es gibt so viele »Früchte der Umkehr« zu bringen, und es duldet keinen Aufschub. Die edelsten Hoffnungen lohnen; sie dürfen nicht einfach auf den Abfall der Enttäuschungen geworfen werden. Wir müssen sie verteidigen, unsere Träume, wir müssen sie retten, unsere Hoffnungen, und wir sollten eine heilige *johanneische Ungeduld* lernen, wir sollten uns nicht ständig von seiten der sogenannten »Realisten« dreinreden lassen, die uns erklären, was alles angeblich nicht geht, nur weil sie es noch niemals wirklich probiert haben. Wenn wir uns aufmachen und selber gehen, geht sehr vieles auf dieser Erde, und zwar heute schon.

Von der Sehnsucht der alten Propheten

1 Anfang der Heilsbotschaft von Jesus, dem Messias, Gottes Sohn.
2 Wie geschrieben steht bei Jesaja, dem Propheten:
Da, ich sende meinen Boten vor dir her,
der deinen Weg vorbahnen soll.
3 Stimme eines Rufers in der Wüste:
Bereitet den Weg des Herrn.
Gerade macht seine Pfade.
4 Es geschah: Johannes taufte in der Wüste und verkündete die
Umkehrtaufe zum Nachlaß der Sünden. 5 Und herausging zu ihm das
ganze judäische Land und die Jerusalemer alle, und sie ließen sich

taufen von ihm im Jordanfluß, ihre Sünden bekennend. [6] Und es war Johannes bekleidet mit Kamelhaar und einem Ledergürtel um seine Hüfte, und seine Speise: Heuschrecken und wilder Honig.

[7] Und er verkündete, sprechend: Nach mir kommt, der stärker ist als ich. Ich bin nicht genug, gebückt seine Sandalenriemen zu lösen. [8] Ich habe euch in Wasser getauft. Er aber wird euch taufen in heiligem Geist.

Mk 1, 1–8

Wie mit ehernen Lettern sind diese Worte geschrieben am Beginn Markusevangeliums: Anfang der Heilsbotschaft von Jesus Christus. Das ist es eigentlich, was wir wissen *müssen:* wie das Heil beginnt und zu uns kommen kann.

Wenn wir uns beruhigen wollen in der Betrachtung der großen Gestalten der Geschichte, sind wir geneigt, auf den Ausgang ihres Lebens zu starren. Wenn wir wissen, wie eine große Geschichte zu Ende geht, können wir uns zurücklehnen, und alle Spannung fällt von uns ab, denn wir kennen ja das Ende. Wenn es um das wirkliche Leben geht, muß man unbedingt auf den Anfang achten, wo noch nichts entschieden ist, jedes Risiko noch offen ist, jedes existentielle Wagnis noch unausgemacht im Raume steht, wir aber in der ganzen Spannung unseres Lebens wartend, hoffend, sehnsüchtig, zweifelnd uns strecken nach der Zukunft.

Wir sind in den Wochen des Advent Wartende und Suchende, und in gewissem Sinn ist dies unser ganzes Leben, zu hoffen und zu glauben darauf, daß das Wesentliche noch kommt, denn alles Entscheidende kann sich nur ereignen für die Suchenden. Deshalb ist es das größte Anliegen Johannes' des Täufers, vorzubereiten, wachzurütteln und eine neue Sehnsucht zu wecken.

Worauf warten wir wirklich? Das ist die Frage, die seit den Tagen des Johannes zu jeder Zeit an jeden Menschen ergeht. Es gibt alte Weissagungen über unser Leben, und sie drängen danach, sich zu erfüllen. Aber wie vernehmen wir die verblichenen und verwehten Schriftzeichen Gottes in unserem Herzen? Es gibt uralte Weissagungen und heilige Prophezeiungen über unser Leben, noch ehe wir zur Welt kamen. Aber wie finden wir den Anschluß an unser größeres und eigentliches Wesen?

Johannes der Täufer knüpft mit seiner Botschaft nach Jahrhunderten der Vergessenheit an die Sehnsucht der alten Propheten seines Volkes wieder an. Es ist die Meinung der großen Gestalten Israels, des Amos, des Hosea, des Jeremia, daß es als erstes darum gehen müsse, das Volk wieder einen neuen Durst und einen neuen Hunger zu lehren. Es ist ein Thema, das in unseren Tagen vielleicht mehr als alle anderen aktuell ist: wie man die Menschen zurückführen könnte zur Leidenschaft einer fast verlorenen Sehnsucht. Selber fast am Rande der Verzweiflung, glaubten die Propheten des alten Israel, wenn Gott wieder eine Chance bekommen könnte, gehört zu werden, müsse er dem Volk zumuten, eine Zeit der Wüste wieder auf sich zu nehmen oder, anders gewendet, dem Volk die Erkenntnis antragen, daß seine Lebensform einer vollendeten menschlichen Wüstenei gleichkommt. Vielleicht gibt es kaum eine größere Gefahr für die Menschlichkeit, als so zu leben, wie wir's fast für Pflicht erklären, äußerlich beruhigt in jeder Art der äußeren Lebensnotdurft, wohlversorgt, wohlabgesättigt, wohlabgefüttert mit allem, was das Herz begehrt, vollgestopft mit materiellem Krimskrams bis zum äußersten, und darunter legt sich eine immer schwerere bleierne Deckschicht über unsere Seele. Vor lauter Besorgungen, lauter Kümmernissen und lauter Sorgen im Alltäglichen stehen wir in der Gefahr, immer mehr zu vergessen, was in uns leben könnte.

Nach dem Zweiten Weltkrieg lagen ganze Häuserzeilen in Schutt und Asche rege, man hatte kein Geld in der Hosentasche, man lebte von der Hand in den Mund, aber merkwürdig, es gab Tugenden, die seit dem wie verschollen sind, ein Gefühl der Brüderlichkeit, des Verständnisses, der Bereitschaft, einander zu helfen, miteinander am gleichen Strick zu ziehen, es gab die Ödnis dieser Verfettung noch nicht, die uns seither heimgesucht hat. Es gab die Verspießerung noch nicht, die Vermopsung noch nicht, das Sich-Einrichten im Kulturland, hätten die alten Propheten gesagt, die Götzendienerei der Fruchtbarkeitsreligion und den Tanz um das Goldene Kalb, den öden Materialismus nicht, wie wir es heute ausdrücken würden. Es gab ein unmittelbares Gespür für Dinge, die wichtig sind, und solche, die nicht wichtig sind. Es gab eine deutliche, instinktive Unterscheidung für das, was Menschen leben läßt und was sie tötet. Deshalb schwärmten die Propheten förmlich davon, das Volk zurückzuführen in die

Wüste, so wie es damals war. Man wußte nicht, wie man morgen leben würde, aber wenn man morgens aufstand, begann man zwischen dem Gestein die Brocken des Manna, dieser seltsamen Speise vom Himmel, zu sammeln, Körnchen für Körnchen. Man wußte nicht, wovon man lebt, deshalb nannte man es »Was ist das? – manhu«, die Speise, die Gott gab. Aber in dieser Zeit ohne Vorsorge, ohne Absicherung und des ständigen Unterwegsseins war die Sehnsucht Israels groß und sein Herz Gott nahe. Man traute sich keinen Schritt weiter, ohne Gott vor sich zu sehen, in einer Wolkensäule am Tag und einer Feuersäule bei Nacht. Und es genügte zu wissen, daß Gott seine Schwingen breiten, daß er mitgehen würde, Seite an Seite mit seinem Volk. Was braucht ein Mensch wesentlich mehr, um lebendig zu sein?

Johannes der Täufer macht dies ganz ernst, indem er einen Ritus aufgreift, den wir meist moralisierend verkürzt verstehen: Laßt euch taufen, sagt er. Ein wunderbares Zeichen. Wenn heute ein Kind im Christentum zur Welt kommt, bringen wir es zum Empfang der Taufe in die Kirche, und wir wollen damit sagen: Ein Mensch, der zur Welt kommt, soll sich niemals fühlen müssen als das Produkt seiner Eltern, das Produkt seiner Umgebung, das Produkt fremder Erwartungen. Er soll sein und haben ein eigenes Ich, das hervorgegangen ist aus den unsichtbaren Händen seines Schöpfers. Er soll ein Mensch sein, dessen Stirn den Himmel berührt und dessen Herz frei ist für Gott. So soll es leben dürfen. Und seinen Namen soll es empfangen im Raum des Heiligen. Denn ihm selber gelten alle Weissagungen, alle Verheißungen und alles Heil der Erde. Kein Mensch ringsum soll jemals das Recht haben, das reine Licht Gottes in seinem Herzen zu trüben. Niemand soll die Macht haben, seinen Weg zurück zu den Sternen zu verdunkeln oder zu versperren. Das ist es, was wir die Taufe nennen, wenn sie einem Kind gespendet wird.

Aber was bedeutet sie, wenn sie Erwachsenen angetragen wird, uns, die wir leben, dreißig, vierzig, sechzig Jahre schon? Wie wär's, das Phantastische würde gelten und die Aufforderung fände Gehör: Fang an, den verschollenen Wegen nachzuträumen, die du nie gegangen bist. Hab den Mut, zu überlegen, wie dein Leben aussähe, wenn es noch einmal ganz von vorn beginnen könnte. Jetzt zurückblickend, mit der Erkenntnis von heute – wie würdest du leben mögen, könnte alles noch einmal von vorn anheben? Vermutlich würden die meisten sagen: Phantasterei; darüber nachzudenken stört, bringt durcheinander und verwirrt; wir leben, wie wir leben, der Zug ist abgefahren, wir sitzen darin, zwanzig Stationen haben wir hinter uns, im übrigen wissen wir gar nicht so genau, auf welcher Strecke wir sind, ob nach Hamburg, Warschau, Berlin oder München, wer will das sagen – Hauptsache, es geht weiter. Dann hat Johannes der Täufer nichts zu sagen, eine Umkehr ist illusorisch, der Zwang der Umstände wird uns weiterpeitschen, und wir werden von einem Heil Gottes in unserem Leben nie mehr etwas hören.

Die Chance ist, daß wir vernehmen: Es gibt so vieles, was wir nie gewagt haben zu träumen. Es gibt so viele Hoffnungen, die wir kaum wagten kennenzulernen. An ihre Stelle ist die Macht der Resignation getreten, der eingeschliffenen, mechanisierten Ängste, der Gegendressate, in die man uns eingezwängt hat, immer weiter entfernt von uns selber. Wie aber, wenn wir unsere ursprüngliche Gestalt wiederfinden könnten? Wie, wenn wir noch einmal buchstäblich alles umkehren könnten und dort begännen, wo das seither Nicht-Gelebte abgebrochen wurde, auf daß das Verschollene keimen könnte, das in unser Herz Gesäte und nie Aufgeblühte sich hervorwagen dürfte zum Licht und zur Schönheit? Wir sind soviel reicher, als wir selber glauben. Unsere Seele ist soviel schöner, als wir ihr zutrauen. Unser Dasein hat soviel Möglichkeiten, und wer zwingt uns eigentlich, ständig zu verzichten? Einzig doch nur die Angst, der Mangel an Vertrauen, die beigebrachten Formeln, das Nachplappern dessen, was die andern sagen, machen und tun.

Es kommt einem Wunder gleich, wenn Johannes der Täufer ganz Judäa und Jerusalem faszinierte, herauszukommen aus den Wohnungen, aus den Löchern, aus den Höhlen, hinaus in die Wüste, an den Jordan. Es ist die Vision, daß das Leben noch einmal beginnen kann, muschelblank und rein. Es geht in dem Sinn ja nicht um moralische Vergehen, um Sünden im Sinne von Gebotsübertretungen, es geht um die Abweichungen, um die Untreue gegenüber dem eigenen Wesen, gegenüber dem ganzen Dasein, zu dem wir berufen sind, um die Abspaltungen von uns selber. Sie zu bekennen, sich einzugestehen und, wo irgend es geht, sie zu beseitigen, ist ein großes Werk. Denn unsere Menschlichkeit reift darunter, unser Glück wächst daran, und die unverstellte Gestalt dessen, was wir sind, beginnt zu leben.

Gewiß, wir können sagen, dieser Mann am Jordan macht uns angst; schon wie er aussieht, ist zu asketisch; mit ledernen Gürteln, Kamelhaargewändern und Speisen aus Heuschrecken und wildem Honig wollen wir nichts zu tun haben. Dies ist zu hart, zu absolut, zu steil gefordert, dies schneidet in die Bequemlichkeiten, tut den Gewohnheiten weh, stößt im Grunde ab, denn es ist, zunächst, nicht annehmlich, weich. Und trotzdem: Es gilt, jenseits der Verspießerungen eine tiefere Hoffnung zu entdecken, sie ruht in uns allen. Und wenn wir uns nichts vormachen, gibt es ein größeres Glück, als woran wir tagaus, tagein hastend und rennend zu glauben uns selber einreden. Wie wir eine ganze Generation und uns selber inmitten der menschlichen Auszehrung, des Verdorrens, der Menschenwüstenei den Mut zu höheren Zielen, zum Glauben an die Sterne, zur Sehnsucht, es den Wolken nachzutun, lehren können, vermitteln können, ist vielleicht die einzige Frage des Advent. Woher wir Durst und Hunger fühlen inmitten einer Welt, die uns nicht sättigt, ist der erste Anfang, daß Gott wahr wird in unserem Herzen.

Keiner wußte dies besser als Johannes: Es wird nach ihm jemand kommen, den braucht man nicht mehr zu verkündigen mit Mahnung, Aufruf, Drohung und Forderung. Er wird sich ereignen mitten im Herzen der Sehnsucht, ganz von innen. Denn dies ist das wirkliche Wunder unserer Menschlichkeit, daß wir getauft werden mit einem Geist, der in unserem Herzen lebt: ein heiliger Geist, der in unseren Träumen wächst, in unserem Fühlen, in unserem Denken, in uns selber, kein fremder Geist mehr, sondern in Erfüllung ältester Prophezeiung des Alten Testamentes: Am Ende der Tage wird es sein, siehe, da gebe ich den Söhnen Träume und den alten Leuten Visionen. Soll man glauben, daß dies wahr wäre, eine Generation, die heranwächst, beflügelt von Träumen, Phantasie, Poesie, Kreativität und dem Mut, die Welt umzukrempeln nach neuen Maßen, neuen Visionen, und es gäbe alte Leute, die schauen Gesichte, indem sie ihr Leben rückblickend wie ein sich bereitendes aufgeschlagenes Buch Gottes in ihren Händen zu lesen beginnen, ahnend schon die verborgene Gestalt, die gereift ist in den paar Jahrzehnten ihres Lebens, und vor sich das Versprechen der Ewigkeit jenseits des Grabens des Todes? Den jungen Leuten Träume, den alten Leuten Visionen und einem jeden die Taufe des Geistes, welch ein Versprechen!

ZEITLOS UND GROSSARTIG: NIKOLAUS VON MYRA

Etwas Eigentümliches ist es um die Gestalten der Heiligen in der katholischen Kirche. Fast scheint es ein Gesetz der Entsprechung zu geben, daß sie um so bekannter und großartiger in der Verehrung des Volkes stehen, je weniger man historisch von ihnen weiß.

Eine überragende Rolle in der Geschichte eines jeden von uns hat die Person des heiligen Nikolaus gespielt. Niemand unter den Heiligen des Volkes ist bekannter, niemand bei den Kindern beliebter, und dies gewiß nicht der Spekulatiusmänner wegen, die man am 6. Dezember in Stiefeln oder Schuhen vor den Türen zu finden pflegt. Aus seinem Leben wird mehr an Legenden denn an Geschichte überliefert. Sicher ist er, um 300 herum geboren, sehr bald in die christliche Erziehung bei Mönchen gegeben worden. Er muß recht früh Bischof der jüdischen Stadt Myra geworden sein, einer damals relativ großen, von den Römern zur Hauptstadt erklärten Ansiedlung mit einem Theater, mit Wasserleitungen, die Kaiser Hadrian errichtet hatte ... Die Stadt Myra hatte ihre Bedeutung, also auch ihr Bischof. Wir finden ihn wieder beim Konzil von Nizäa im Jahre 325, dort wird er in zwei Listen geführt; alles weitere ist Legende, wie wir so sagen. So soll er dem Irrlehrer Arius, um dessen Lehren das ganze Konzil ging – Kaiser Konstantin wollte die Ansichten der Christen in seinem Reich vereinheitlichen – mit Macht entgegengetreten sein, er soll ihn geradewegs, an Stelle von Argumenten, mit den Fäusten geschlagen haben. Arius appellierte an den Kaiser, und der tat seine Pflicht: Nikolaus wurde eingekerkert. Aber was tat Gott? Er wirkte ein Wunder, und am anderen Morgen saß Nikolaus in seiner Zelle, frei von den Fesseln, betend über dem Neuen Testament, in welchem doch die Partei Christi klar bezeugt wurde. Klarer war die Heiligkeit des Nikolaus nicht zu bezeugen, und er wurde freigelassen.

In der Überlieferung vermischt sich vieles aus seinem Leben mit der Gestalt eines Mannes, der zweihundert Jahre später als Visionär und Seher gelebt hat. Von ihm geht die Sage, daß er eine Schiffsreise nach Jerusalem antrat, auf der er Menschen aus Seenot rettete. Dieser Nikolaus von Sidon verschmilzt in der Überlieferung mit Nikolaus, dem Bischof von Myra. Wir wüßten wenig, hätten wir nur die Historie, die Heiligen zu verehren. So aber schwelgt die Legende in der Erzählung von Taten des Mitleids. Nikolaus soll Schiffe während einer Hungersnot angehalten haben. Kapitän und Seeleute weigerten sich, die gelagerten Bestände von Mehl an die Bevölkerung herauszugeben, der Kaiser bestehe unter Androhung von Strafe darauf, daß die Schiffsfracht ohne Einbuße im Hafen gelöscht werde. Nikolaus entfernte so viel an Mehlsäcken, wie man brauchte, den Hunger der eigenen Bevölkerung zu stillen, ja, es waren für zwei Jahre Vorrat und Saatgut noch überzählig. Als aber das Schiff in den Hafen einlief, fehlte nichts von der Fracht – eines der Wunder des heiligen Nikolaus.

Er soll, nicht minder wunderbar und hoch zu rühmen, einer armen Familie, die drei Töchter hatte, von denen keine einzige standesgemäß zu verheiraten war, aus der Not geholfen haben, indem er des Nachts drei Säcke Gold durch ihr Fenster warf.

Dies sind die Vorstellungen der Legende; hinzu kommt heidnischer Brauch in den Tagen des Dezember: die Gestalt eines Weckmanns, die an Fruchtbarkeitszauber altgermanischer Bräuche erinnert. Fabeln und Legenden, heidnisches Amalgam – sieht so der katholische Glaube aus? – Ja, und man möchte sagen, Gott sei Dank. Was wissen wir denn vom Leben eines Menschen wirklich, außer wir wagen ihn zu träumen? Jeder mag sagen, Träume seien nichts weiter als Einbildung, Eingebung des eigenen Herzens und wir verehrten immer nur uns selber, malten wir die Gestalt eines Heiligen nach den Bildern, Hoffnungen, Sehnsüchten, die uns die eigene Phantasie eingibt. Ist es aber nicht auch denkbar und sogar unerläßlich, daß wir mit Hilfe der eigenen Träume überhaupt erst die Wahrheit im Leben eines anderen bemerken? Könnte es nicht sein, daß gerade die eigene Sehnsucht uns zeigt und lehrt, wer der andere wirklich ist? Dann sind all die Taten, die vom heiligen Nikolaus berichtet werden, Aufgaben, die sich noch viel mehr innerlich stellen, als daß wir sie äußerlich rühmen könnten. Wie viele Menschen treffen wir, denen es daran mangelt, die Liebe zu lernen. Wie erreicht man es, daß Menschen sich buchstäblich reich genug fühlen, um sich des anderen zu bedienen, dessen sie für ihr Glück bedürfen? Und wie bewirkt man solches Wunder der Seele, das die Hemmnisse nimmt, das Gefühl der Armut zum Verschwinden bringt und ganz normale Hoffnungen des Lebens realisieren hilft? Wie ist es möglich, Menschen, deren Leben über dem Abgrund hängt, wie bei einer Seefahrt mitten in Not unter dem Wogenschwall und dem Brausen des Windes Rettung und Schutz zu gehen? Wie ist es möglich, Mitleid so zu üben, daß es anderen hilft und niemanden schädigt, so daß am Ende nichts mehr fehlt?

Es ist im Grunde immer wieder die menschliche Not, die sich an Gott wendet, und jeder, der auf sie eingeht, wird bei Gott und den Menschen hoch in Ansehen stehen. Die Gestalt eines Heiligen in diesem Sinne ist zeitlos. Es kommt nicht darauf an, was man geschichtlich von ihr weiß. Es ist die ewige Geschichte Gottes mit uns Menschen, immer die gleiche Not, das Suchen nach Liebe, Schutz gegen Angst, Mittel gegen das Verhungern. Wer in diesen drei Bereichen sich als groß erweist, menschliches Elend und menschliche Not auch nur ein wenig zu lindern, ist dem Heiligen von Myra sehr nahe. Er hat eine Lehre, die man nicht mit Fäusten predigen muß, er kann sicher sein, daß Gott im Kerker eines jeden Menschen Fesseln löst und Wunder der Befreiung wirkt. Darüber hinaus zeigt sich, daß wir wohl doch nicht Menschen so unterschiedlicher Kultur und Religion sind, daß wir nicht von allen lernen könnten. Kein Brauchtum und keine Vorstellung wäre so heidnisch, daß sie nicht zugleich auch christlich genannt werden könnte, wenn wir nur offen genug, poetisch genug sind. Das sind die schönsten Feste der Kirche, die am wenigsten spezifisch, aber dafür im Wesen menschlich sind.

DIE BOTSCHAFT DER FRAUEN

26 Im sechsten Monat aber ward der Engel Gabriel gesandt von Gott
her in eine Stadt Galiläas namens Nazaret, 27 zu einer Jungfrau, der
Angetrauten eines Mannes namens Josef, aus dem Hause David;
der Name der Jungfrau war Maria. 28 Und er trat bei ihr ein und
sprach: Gott grüße dich, du liebe, der Herr ist mit dir. 29 Sie aber ward
erschüttert ob dieses Wortes und überlegte, welcher Bewandtnis
dieser Gruß sei. 30 Da sagte der Engel ihr: Fürchte dich nicht, Maria;
gefunden ja hast du Huld bei Gott. 31 Denn du wirst empfangen im
Schoß, du wirst gebären einen Sohn, du wirst seinen Namen rufen:
Jesus. 32 Der wird ein Großer sein, Sohn des Höchsten wird er gerufen
sein. Geben wird ihm der Herr, Gott, den Thron Davids, seines Vaters.
33 König wird er sein über dem Haus Jakob auf Weltzeiten hin; seines
Königtums wird kein Ende sein. 34 Gesagt hat Maria zum Engel: Wie
soll das sein, dieweil ich einen Mann nicht erkenne? 35 Geantwortet hat
der Engel, er hat ihr gesagt: Heiliger Geist wird kommen auf dich, des
Höchsten Kraft wird dich umschatten. Darum auch wird das so
Gezeugte als heilig gerufen werden: Sohn Gottes. 36 Und da! Elisabet,
deine Verwandte, – auch die hat empfangen, einen Sohn, in ihrem
Alter! Und dies ist (bereits) der sechste Monat für sie, die eine
Unfruchtbare gerufen ward. 37 Denn nichts ist unmöglich von seiten
Gottes, keinerlei Botschaft. 38 Gesagt hat Maria: Da! Des Herren Magd.
Geschehen mag mir nach deiner Botschaft. Und fort ging von ihr
der Engel!

39 Auf machte sich da Maria in diesen Tagen und begab sich auf
den Weg ins Bergland mit Eile, in eine Stadt Judas, 40 und sie trat
ein in das Haus des Zacharias und begrüßte herzlich Elisabet. 41 Und
es geschah: wie hörte den Gruß Mariens Elisabet, hüpfte das Baby
in ihrem Leib, und erfüllt ward Heiligen Geistes Elisabet. 42 Sie erhob
ihre Stimme mit mächtigem Laut und sagte: Gepriesen du unter
den Frauen! Gepriesen auch die Frucht deines Leibes! 43 Von woher
mir dies, daß da kommt die Mutter meines Herren zu mir? 44 Denn
da! Wie die Stimme deines Grußes zu meinen Ohren drang, hüpfte
in Jubel das Baby in meinem Leib. 45 Ja, glücklich, die vertraut hat,

daß Vollendung beschieden sein wird dem ihr vom Herrn Gesagten.

Lk 1, 26–45

Es gibt Evangelien, wie dieses von der Verkündigung, die müßten von Frauen statt von Männern erläutert werden. Denn sie sprechen einzig von der Erlösung der Welt, indem sie die ältesten Bilder weiblicher Religion und Poesie aus den Anfangstagen der Menschheit versammeln. Die Welt, scheint dieses Evangelium zu sagen, kann nur erlöst werden, wenn das, was Männer sich vorsetzen zu tun, zu machen und hervorzubringen, ein Ende findet. Wenn etwas rein zur Welt kommt aus der Welt der Frauen, hätte diese Welt eine Chance zu leben.

Die Künstler des Abendlandes haben in den Kirchen und Museen seit zweitausend Jahren immer wieder dieser Szene Ausdruck zu verleihen versucht, und sie wollten dem Geheimnis nachgehen, wie unser Herz so berührt werden könnte, daß es sich wandelt und vermenschlicht und die Wahrheit von Betlehem spürbar wird, der Anfang unserer Menschwerdung. Betrachtet man auf dem Goldglanzhintergrund die Szene der Madonna und des Engels, so sind es vor allem drei Bereiche, die in diesem Bild leben.

Es ist einmal der Glaube, daß diese Welt erlöst werden kann durch die Macht der Schönheit, einer Wahrheit, die durch und durch weiblich ist, aber grade darin wirksam und rein. Denn was wäre das Schöne außer dem Vermögen, den Stoff zu beseligen durch die Beseelung? Wenn der Geist aufstrahlt in der Verklärung des Leibes, wenn die Seele sichtbar wird im Glanz des Körpers, wenn die Reinheit des Herzens erstrahlt über das Sichtbare der Augen, beginnt die Schönheit die Welt zu verzaubern. Schönheit, so meinten die Alten, das ist der Lichtglanz der Sonne im morgendlichen Aufgang, wenn ihre Strahlen sich breiten über dem Haupt eines Menschen und werden wie Hände, die segnen. Schönheit, das ist die Sichel des Mondes in der Nacht, wenn sie im Rhythmus der Frau heranwächst zur vollendeten Schönheit silbernen Glanzes und ihre Strahlen sich breiten wie Hände aus Silber und Tau. Schönheit ist überall dort, wo Seele und Leib miteinander verschmelzen, wo eine Gestalt zur Reinheit ihres Ursprungs findet, wo das Wesen sichtbar wird für die

Sinne. Denn diese Macht besitzt die Schönheit: unser Herz eins werden zu lassen und die Gegensätze zu überwinden, die zwischen Sinnlichkeit und Sittlichkeit, Natur und Kultur, Pflicht und Neigung immer wieder wie tiefe Gräben unser Leben zerschneiden. Schönheit ist die Macht, die Welt als Einheit zu erfahren, ungetrennt und ganz und so, daß es darinnen keinen Teil mehr gibt, der abgespalten sein, als Gefahr empfunden werden müßte, als etwas Untermenschliches von der Menschwerdung auszuschließen wäre. Schönheit ist die erste und reinste Poesie Gottes über alle Gestaltungen der Welt.

Darum lebt in dieser Szene der Verkündigung die Allmacht des Traumes, und auch sie besitzt die erlösende Kraft über diese Welt. Traum beginnt, wo ein Mensch einen anderen anzureden vermag mit den Worten des Engels: Begnadete du, der Herr ist mit dir. – Wo immer ein Mensch einen anderen so erfährt, beginnt der Traum einen Menschen zu vermenschlichen und zu verwirklichen. In den Träumen lebt die Zauberkraft, in der Engel erscheinen können. Ein jeder Mensch trägt in sich ein unverfälschtes Bild, nach dem Gott ihn formte und gemeint hat, und es redet zu ihm im Schweigen der Nächte, in der Versonnenheit des Tages, in der Sehnsucht der Liebe, in der Freude der Begegnung, in allem, was einen Menschen erhebt über die Macht der Erde, nach unten zu ziehen. Alles, was der Seele eines Menschen Flügel verleiht, alles, was ihn durchströmt mit dem Licht vom Himmel, schafft eine Sphäre, in der Engel erscheinen und Träume zu reden beginnen. Es ist eine Welt, an die wir wenig glauben, weil wir denken: Was sind schon Träume, und wieso soll diese Welt sich ändern, nur wenn wir dasitzen, versonnen und nach innen gekehrt? Und doch sind es diese Zeiten, in denen unsere Seele zu reden beginnt, diese Phasen des Lebens, in denen wir uns selber nicht mehr entlaufen, vermeiden und betäuben, sondern uns selber zuhören im Raum der Stille und im Gespräch der Liebe. In diesen Zonen ahnen wir die unterste Form, in der Gott uns sichtbar wird, ohne zu zerstören, in der majestätischen Gestalt eines Engels. Wenn er redet, endet die Furcht, und seine Worte werden immer sein: Wir brauchen uns nicht weiter mehr zu ängstigen, Begnadete sind wir, von Gott her Gesegnete und von ihm Beschirmte.

Im Umkreis dieser Erfahrung lebt ein drittes Element, dazu bestimmt, die ganze Welt zu verwandeln. Das ist die Haltung der Ehrfurcht und der reifenden Geduld. Nichts gibt es an einem Ort, an dem Engel erscheinen, zu planen und zu machen. Eine Ahnung wächst, daß die Welt ein sich vollziehendes ewiges Wunder gebiert und unser Leben selbst den wunderbarsten Teil darinnen einnimmt. Es ist der Respekt, mit dem wir einander zu begegnen vermögen, ungeplant, unbeabsichtigt, ungemacht, aber dafür frei und würdig und königlich. Es ist eine Fähigkeit, einander so zu grüßen, wie wenn es vom Himmel käme, und wir vermögen einander Worte zu sagen, die reifen lassen, Worte, die Felder eröffnen, in denen Wunder gedeihen können, Erfahrungen sich zu vermitteln vermögen, in denen wir den Mut finden, die in uns selber wachsende Gestalt auszutragen.

Niemals ereignet sich das Wesentliche in unserem Leben, indem wir's uns vorsetzen und abrufbereit anfertigen. Stets begibt sich das Göttliche in unserem Leben, indem wir den Mut haben zu den Stunden des Betrachtens, des Träumens und der Geduld. Aus diesen Elementen, aus dem Medium der Schönheit, der Träume und der Ehrfurcht lebt alles, was schön ist auf dieser Erde, leben die Bilder der Künstler von der Madonna und dem Engel und ist die Hoffnung des Christentums noch nicht erstorben, es wäre möglich, uns Menschen zu vermenschlichen.

Die Frage wird sein, ob die Männer die Botschaft der Frauen auf Erden zu hören vermögen, denn ihre Logik ist anders. Um sie zu beschreiben, genügt nicht die Stilgattung der Predigt; fast müßte man zu den Stilmitteln der Satire und des Kabaretts greifen, so anders ist die Wirklichkeit, die vernünftige, planbare, machbare, richtige Wirklichkeit.

Es gibt junge Leute – es müssen junge Leute sein, ganz sicher sind es nicht Erwachsene –, die im Fernsehen die Bilder von Äthiopien oder von Kalkutta oder Bombay sehen und ganz einfach denken, wie unvernünftige Menschen tun: Da müßte man helfen; alles, was möglich wäre in diesen Vorweihnachtstagen müßte geschehen, um da zu helfen. Ganz falsch. Man kann ja nur helfen, wenn man Geld hat, und das geht nur, wenn die Volkswirtschaft richtig stimmt, und das kann sie ja nur, wenn die Binnennachfrage vermehrt wird. Also ist es nötig, daß nicht nur produziert wird, sondern vor allem Abnehmer gefunden werden. Erst wenn wir richtig gute Konsumenten sind, vermehren wir ja das Volkseinkommen als ganzes, und erst, wenn das ist, können wir ja überhaupt helfen. Wir sind uns einig, daß wir nur produzieren können, wenn wir gewisse Rohstoffe aus diesen Ländern bekommen, und genau dazu haben wir das Recht, weil wir die Möglichkeiten haben, überhaupt Bauxit, Uran, Schwermetalle abzubauen. Und wenn unsere Waren dann fertig sind und wir sie denen verkaufen, entsteht ja überhaupt erst die Spanne von Gewinn, die möglich macht, daß wir den Leuten helfen. – So ist die Logik der Männer. Sie wird immer weitergehen. Sie wird Tote, Verhungerte, jede Form von Elend akzeptieren, denn – ich frage Sie – warum auch soll es uns so elend gehen wie den anderen? Wir müssen reich sein, damit es den anderen besser geht. So ist die wirkliche Logik, die vernünftige.

Dann gibt es Kinder, die gelesen haben, daß die Wälder sterben, und sich fragen, warum man zwei Millionen Bäume für die Weihnachtstage abholzen muß. Wieder so ein kindlicher Gedanke, ein unsinniger Gedanke. Die deutsche Tanne wächst ja überhaupt nur, weil sie in der Volkswirtschaft, beschäftigt mit dem Zweig der Holzgewinnung, Geld bringt. Sämtliche Tannen würden gar nicht existieren, wenn sie nicht irgendwann rentabel würden und Geld brächten. Also muß man die Tannen schlagen, damit sie Geld bringen und es sich lohnt, daß es Tannen gibt. Also muß man viele Tannen schlagen, damit viele Tannen wachsen dürfen. Erst wenn man das begriffen hat, ist man ein Waldfreund. Man darf nicht an die Tiere denken, die sich grade in den Bäumen eingenistet haben, an das ganze Ökosystem, das grade versucht hat, an den Jungtannen sich festzumachen, nein, wir sind erst wirkliche Waldfreunde, wenn wir es fertigbringen, auf diese kindlichen Gedanken keine Rücksicht mehr zu nehmen.

Dann gibt es wieder Träumer und Idealisten, die sich sagen: Wir wollen endlich damit aufhören, andere Menschen zu töten. Auch Unsinn, lauter Kindereien. Denn stellt euch vor, wir würden irgendein Elendsviertel flachlegen und würden mitten in die Armengegenden ein richtiges Haus setzen, eine gute, kostbare Villa, und zeigen, was Ordnung ist, Anstand und Menschlichkeit. So etwas kann man ja nicht aufbauen, ohne es auch zu schützen mit einem Zaun und bewaffneten Soldaten und Warnschildern des Inhalts: Wenn du diese Grenze übertrittst, droht dir, daß du abgeschafft wirst. Wenn wir im

Wohlstand leben wollen, müssen wir uns schützen. Wer sich nicht schützt, lädt ja die Diebe, die Mörder, die Angreifer gradezu ins eigene Haus ein. Wer friedfertig ist, muß den Krieg lernen. Wer ein wirklicher Menschenfreund ist, muß lernen, wie man tötet. So die Logik der Männer. Sie wird versuchen, die Welt mit der männlichen Vernunft zu erlösen; mit den Gegenprinzipien von Schönheit, Traum und Ehrfurcht: mit Geld, Ausbeutung, Macht. Dazwischen müssen wir wählen, zwischen dem, was leben läßt, und dem, was tötet.

Man rühmt es als ein großes Wunder, daß Maria dem Engel sagte: Mir geschehe nach deinem Wort. Damit habe die Erlösung angefangen. Mir will manchmal scheinen, das noch größere Wunder wird zuwenig entdeckt: daß es Männer gäbe, die hätten ähnliche Träume, und auch ihnen könnten Engel erscheinen, das Heilige zu schonen und zu schützen. Denn wie soll das Menschliche leben auf Erden, ohne daß die Logik der Könige, der Herrscher, der Mächtigen der Erde sich wandelt? Auch ihnen gelten alte Verheißungen, aber ob wir es wagen, sie zu leben, bleibt die Frage seit dem Weihnachtsmorgen.

Eine Religion der Erlösung

Sie können selber das Experiment machen: Man fordert jemanden auf, eine Geschichte zu schreiben, wie er sich vorstellen könnte, aus einem anderen Leben in diese Welt gekommen zu sein. Eine phantastische Geschichte, die zunächst frei erfunden scheint, dann aber, liest man sie genauer, Aufschluß gibt über das gesamte Lebensgefühl, über den Charakter, über die Lebenseinstellung eines Menschen, weit genauer, als er es selber im Bewußtsein sagen könnte; so etwas wie eine Geburtslegende oder ein Geburtsmythos eines Menschen ist entstanden. Geschichten dieser Art muß man zu begreifen suchen als Wesensportrait der Menschen, von denen sie berichten.

Ganz so ist es, wenn Lukas diese Legende erzählt, wie die Mutter Jesu sich aufgemacht habe, um die Mutter Johannes' des Täufers aufzusuchen. Das scheinbar Phantastische ordnet zwei Menschen einander zu, die wesenhaft miteinander verflochten sind. Man kann darin ein Stück frühkirchlicher Theologie sehen, als habe sich Johannes der Täufer selber mit seinem Wirken als Vorbereiter auf die Ankunft Jesu gesehen. Die frühe Kirche hat versucht, die Gruppe der Johannes-Jünger in die eigenen Kreise aufzunehmen und Brücken zu schlagen zwischen zwei Glaubensrichtungen, die sich damals noch nebeneinander zu entwickeln schienen. Über alle Geschichte hinaus aber gehören Johannes der Täufer und Jesus innerlich zueinander, und es ist eine Erfahrung der Seele, wenn diese wunderbare Legende erzählt, es habe Johannes voll Freude die Ankunft Jesu begrüßt, gewissermaßen noch eh' er zur Welt kam. Im Grunde sind Johannes der Täufer und Jesus Verkörperungen von zwei ganz verschiedenen Weisen, auf das Problem unseres Menschseins zu antworten. Beide sind sich darüber einig, daß so, wie wir leben, es kein menschliches Leben ist, daß alles sich ändern muß, um Gott ein Stück weit näherzubringen. Nur, wie soll es sich ändern?

Johannes, der größte von Menschen Geborene, wie selbst Jesus ihn nennt, hat ein Äußerstes versucht, mit den Mitteln des guten Willens und mit dem Appell an menschliche Einsicht Ordnung in das Chaos zu bringen. Fast immer, wenn wir anfangen, etwas zu begreifen, und guten Willen haben, werden wir's zunächst nach der Weise Johannes' des Täufers probieren. Wir werden sagen, wie wir uns vorstellen, daß dies und das zu sein hat, wir werden Anweisungen geben, Mahnungen erteilen, notfalls Vorwürfe machen, schließlich anfangen zu drohen, am Ende womöglich gar Verwünschungen auszusprechen. Dieses ganze Repertoire der Zensur, der Korrektur hat Johannes versucht. Nur, was ist das Ergebnis all dieser Bemühungen?

Es war der Glaube des Johannes, daß jeder einzelne genommen werden müßte, um eingetaucht zu werden in den Jordan, kraß gesagt, daß, wenn man jedem einzelnen gründlich genug den Kopf wäscht, es am Ende schon in irgendeiner Form die rechte Richtung bekommen wird. Aber ist das so möglich? Die Anfangsseiten der Bibel haben in gewissem Sinne viel mehr recht, wenn sie davon erzählen, daß Gott bei dem Versuch, die Welt vom Auswurf der menschlichen Sünden zu reinigen, keine Grenzen mehr gesehen habe und eine riesige Sündflut über die Menschheit habe verhängen müssen. An der Oberfläche vielleicht mag es so aussehen, als wenn es genügte, einzelne zu taufen, aber dieser Ansatz, zum Prinzip erhoben, müßte die ganze Menschheit hinwegfluten in einem einzigen Meer des Leids und der Tränen. Von außen betrachtet, sind die Einteilungen famos: Es gibt Gut und Böse, Faul und Fleißig, Korrekt und Minderwertig, Anerkennenswert und Tadelnswert, und so ordnen wir scheinbar die Verhaltensweisen der Menschen, ihre Haltungen, schließlich ihre Personen. Nach diesem Maßstab sind Menschen scheinbar um Hunderte von Kilometern voneinander entfernt wie die Gipfel der Alpenberge. Aber schaut man ein wenig durch die Nebeldecke, dann sieht man, wie die Berge in den Tälern sich berühren, und noch ein Stück tiefer beginnt man zu begreifen, daß das ganze Massiv der Alpen eine einzige zusammenhängende Gebirgskette ist, eine riesige Erdauffaltung, hervorgepreßt durch gigantische Kräfte im oberen Erdmantel. Nichts läßt sich trennen, wenn man nur tief genug schaut. Im Untergrund hängen wir Menschen allesamt zusammen, und es ist nicht möglich, zu scheiden nach den Einteilungen der Moral, der sozialen Schichtungen, der tradierten Normen, kurz, der ewig viel zu kurzen, allzu praktischen Begrenzungen und Abwertungen. Zwar reden wir im Alltag gern und ständig nach der Weise Johannes' des Täufers miteinander; wir sagen unseren Kindern: Das mußt du tun; so macht man das nicht, es geht ganz anders – und doch spüren wir genau, daß, wenn wir es zu weit treiben mit diesem Stil, wir Leben nicht fördern, sondern verbiegen, ersticken, schließlich töten. Als Erwachsene reden wir so miteinander und begreifen doch genau, daß, wenn wir ernsthaft so miteinander sprechen wollen, die Gemeinschaft zerstört wird, Einheit zerbricht. Es ist nicht möglich, nach der Weise der Oberfläche die Probleme des menschlichen Herzens in der Tiefe zu lösen.

Will man die Worte Johannes' des Täufers richtig verstehen, darf man nicht hören, was er sagte, sondern was er sagen wollte; was er wirklich meinte, nicht woran er subjektiv dachte. Er, der den Namen Johanan – »Gott ist barmherzig« – trug, kann im letzten nicht gemeint haben, wofür er eintrat und womit er auftrat: man müsse den Atemwind Gottes mitten ins Feuer lenken, damit endlich geschmolzen würde Abfall und Edelmetall. Johannes der Täufer selber bedarf des Erlösers, der Ankunft des Mannes, der den Namen trägt: der Retter.

In Jesus lebte ein anderes Prinzip. Er verkörperte es und er wollte, daß wir es begreifen: Es gibt eine einzige Menschenwelt, die in allem miteinander verflochten ist. Gott läßt es regnen über Hoch und Niedrig, über Rein und Unrein, über »Gute« und »Böse«. Jesus wollte nicht die Sprache der Vorschriften, der Anweisungen, der Redensarten. Jesus versuchte Bilder zu formen, die wie ein Angebot waren, sich darin selber wiederzufinden. Vielleicht gibt es nichts Schöneres zu lernen unter uns Menschen, als daß wir versuchen, einander so tief zu verstehen, daß die Wesensart des anderen sich wiedergeben läßt in dichterischen Bildern, in traumnahen Bildsequenzen. Und vermögen wir die Erlebnisweise des anderen so auszusprechen, dann werden wir mitunter sogar selber erleben, daß unser Gegenüber sagt, grad dieses, was wir bildhaft sagen, habe er womöglich in den letzten Tagen noch geträumt. Dann schließt sich der Kreis zwischen Mythos und Erfahrung, zwischen Legende und Wirklichkeit, zwischen Traum und Tag. Es trägt jeder Mensch in sich ein wunderbares Lied, einen nie gehörten Gesang, von dem Jesus wollte, daß er hörbar werde. Schluß mit den Menschen, die nach dem Vorbild Johannes' des Täufers buchstäblich mit der Axt in der Hand an die Wurzel der Bäume gehen. Die Menschen, jeder einzelne in seiner Ohnmacht, seiner Ausweglosigkeit, seinem Bemühen, Wege zu finden, vielleicht abseits vom Gang der Herde, bedarf der Hände, die sich begütigend um ihn legen und über ihn breiten. Und immer war Jesus das hundertste Schaf wichtiger als die neunundneunzig anderen.

Einer der ungeheuerlichsten Sätze des Neuen Testamentes, mit dem Jesus seine Mission gegen alle Anfeindungen und Vorwürfe der immer Richtigen, immer Korrekten, immer klar Wissenden zu begründen suchte, lautete: Ich bin gekommen zu den Kranken, die des Arztes bedürfen. Ich bin gesandt zu den verlorenen Kindern Abrahams. Ungeheuerliche Worte sind dies, weil, bei Licht betrachtet, wir alle brauchen, daß Gott uns so sieht. Und fähig sind wir, einander so zu sehen, viel mehr als Leidende denn als Täter, viel mehr als Opfer denn als Urheber, in jedem Fall als Menschen, die des Verstehens bedürfen, nicht der Anklage, die viel mehr an Mut benötigen, um sich selber zu wagen, und die am wenigsten brauchen können, daß jemand neben ihnen steht und erläutert, *wie* man es machen muß.

Allein die Kraft der Sonne richtet, wenn der Schnee verschwindet, die Blumen und die Pflanzen auf ins Licht. Kein Zaun, kein Spalier, kein künstliches Verfahren vermag dies zu erreichen, einzig die Macht der Wärme und der Liebe unter uns Menschen. Weiß Gott, diese wunderbare Erzählung vom Besuch Mariens in Enkaren bei ihrer Base Elisabet hat recht: Das Ziel aller Religion des guten Willens und der Moral ist eine Religion der Erlösung. Auch sie braucht – wie in Erinnerung – noch die Formulierung des Rechts, damit sie nicht abgleite in Faulheit und Bequemlichkeit. Es wäre keine Vergebung, wo nicht die Schuld formulierbar wäre, aber wir Menschen, verstrickt in hundert Zusammenhänge, brauchen einzig die Kraft des Verstehens, des Begleitens, der Geduld, des Aufeinander-Zu- und Eingehens in einer Liebe, die nie endet. Denn sie ist von Gott. In ihr allein sind wir ihm nahe. Durch ihre Kraft allein bereitet sich die Ankunft eines neuen Menschen vor, der in uns lebt und wartet, zum Licht zugelassen zu werden.

Zur Weihnacht

Weihnachten oder: Das Wunder menschlicher Vergöttlichung

Mit dem Weihnachtstag beginnt das Wunder menschlicher Vergöttlichung. Seit diesem Tag sehen wir den Menschen mit anderen Augen, und es ist die Frage, wie man mit den Augen eines Engels sieht, oder wenigstens, wie man der Botschaft eines Engels Glauben schenkt, um in einem Stall die göttliche Geburt unseres Erlösers wahrzunehmen. Inmitten der Niedrigkeit, dort, wo man es nicht vermutet, abseits vom Goldglanz der Paläste, außerhalb der Thronräume der Mächtigen, in der kleinsten der Fürstenstädte Judas, wie es der Prophet verheißen hat, kommt unser Erlöser zur Welt.

Die christliche Legende formt sich aus allen wesentlichen Elementen, und sie hat recht. Mitten in der Nacht, sagt sie, in Sternendunkel und in Finsternis kommt der Herr in unsere Welt. So muß es sein. Denn anders könnte er niemals verstehen, wie er es später in seiner ganzen Botschaft zu erkennen gibt: wie sehr uns Nacht und Dunkelheit und Aussichtslosigkeit verfolgen können. Später wird er seinen Vater um Vergebung bitten für all das, was wir tun wie in Umnachtung unseres Geistes, unbewußt und immer wie verzweifelt, oft das Beste wollend und dennoch außerstande, klar zu sehen. Vergib ihnen, denn sie wissen nicht, was sie tun, wird er selber sagen in der Stunde, da die Welt sich noch einmal verfinstert. Verständnis haben wird er für all die Stunden, da wir keine Aussicht haben und keinen Ausweg sehen, für all die Augenblicke, wo wir uns selber nicht mehr kennen und im eigenen Herzen uns nicht mehr zurechtfinden. Wo wir nichts Menschliches mehr fühlen und begreifen, da wird er sagen, daß mitten in der Nacht, im Unbegreifbaren Gott menschliche Gestalt gewinnt und an seiner Armseligkeit nichts zu verleugnen, nichts zu verachten und nichts zurückzuweisen ist.

Kalt war es, sagt die Weihnachtslegende und hat recht damit, denn anders würde unser Erlöser für unsere Herzenskälte nicht Verständnis haben, wie wir es brauchen, um gegen die Einsamkeit, um gegen den schneidenden Wind, um gegen die Beraubung wärmender Güte, um gegen das Erfrieren jedes zärtlichen Wortes dennoch das Vertrauen zu setzen, die Milde und die Güte. Das sanfte Gesetz des Unscheinbaren wird stärker sein als die schneidenden Befehle, die klirrenden Gewalttaten, die Herzenserfrierungen der Angst. Es hätten, sagt die Legende mit Bezug auf einige Prophetenworte, die Tiere mit der Wärme ihres Atems an der Krippe unserem Erlöser ein erstes Zeichen kreatürlichen Mitleids und geschöpflicher Barmherzigkeit gegönnt, wie um zu sagen, daß alles, schon weil es lebt, dazu bestimmt ist, gut zu sein, nicht zu zerstören, sondern schon mit seiner Leibeswärme gut zu sein. Grade die animalische Sprache, die sozusagen unverstellte, tierische, instinktive Vernunft ist viel richtiger als das so Ausgeklügelte, Ausgedachte. Und auch dieses Bild brauchen wir für unser Leben, kommen wir uns doch selber oft genug vor wie Esel, die man bepackt und schindet und für ihre Dummheit mit Sklaverei und nicht endender Mühsal durch das Leben treibt. – Gehören diese geduldigen Esel des Daseins nicht als erste an die Krippe? Und gibt es in unserem eigenen Leben nicht genug, wofür wir uns selber beschimpfen möchten wegen unserer ochsengleichen Langsamkeit – die Fehler, die wir begehen, nicht aus üblem Willen, aber aus Kurzschlüssigkeit, aus minderer Einsicht, aus Versagen, dessen Lehre wir erst viel zu spät imstande sind zu ziehen? Gehört weiß Gott nicht unsere Ochs- und Eselei als erstes an die Krippe, um uns zu sagen, daß wir Menschen sind und sein dürfen, inklusive all dessen, was der Menschen Hochmut oft genug als tierisch abdrängen und mit Füßen treten möchte?

Die Legende sagt, daß für Gott kein anderer Weg in unser Leben war als in der Gestalt eines Kindes, um uns den Mut zu machen, gerade das Unfertige, das noch nicht Ausgestaltete, noch Unerwachsene als das schönste Gleichnis Gottes wahrzunehmen. In einem jeden Menschenherzen wartet ein Kind, das noch nie leben durfte, darauf, angenommen zu werden. Auf ihm ruht alle Verheißung – unendlich mehr als auf der angsterzwungenen Erwachsenengestalt. Ein Kind muß man liebhaben, einfach weil es da ist. Es kann gar nichts, besitzt gar nichts, hat gar nichts. Auf sein Wimmern, sein Schreien, sein Lächeln antworten wir im Reflex, den die Natur einem jeden vermittelt hat. So sicher führt die Sprache der Kreatürlichkeit uns zur Güte, wenn wir sie verstehen. Keine Menschenarmut mehr sollte seit dieser Weihnachtsnacht außerhalb des Menschlichen stehen, vielmehr daß über jedes Menschen Haupt wir einen Stern aufgehen sähen, leuchtend in der Nacht, und nur der Augen bedürften wir, die fähig sind, inmitten menschlichen Leids, inmitten menschlichen Elends die göttliche Gestalt, ihren Leib, ihr Wachstum, ihre reifende Vollendung gewinnen zu sehen. Der Engel Augen bedürfen wir. Da werden die Skeptiker fragen, ob nicht der Traum der Hirten in der Nacht verdächtig sei. Zu tröstlich ist ihnen vielleicht die Botschaft dieser Weihnachtsnacht. Wie beweist man, daß ein Engel redet, wenn er sich zurückzieht in den Himmel? Wie beweist man, daß man Engel hören und mit Engelaugen sehen kann? Die Skeptiker finden in der äußeren Wirklichkeit unendlich viele und schwer zu widerlegende Beweise, wie gemein, wie häßlich, wie armselig, wie vertan das Menschenleben ist. Recht haben sie, bis auf den Punkt, daß sie nur am Tage richtig sehen, wie Erwachsene schauen, recht haben, in der Sprache ihrer Vernunft sich großtun mögen mit dem Skeptizismus und der schneidenden Kritik. Die dunklen Augen sehen wirklicher, das träumende Herz sieht wahrer, denn nur mit einem Herzen der Sehnsucht wird man fähig sein, einen Engel reden zu hören.

Wie denn, wenn grade die Sterneneinsamkeit, die Trennung von Gott um Lichtjahre der Entfernung uns diesem Weihnachtsmorgen nur um so näher brächte? Wie denn, wenn es stimmen würde, daß grad im tiefsten Elend, in der dunkelsten Nacht und in der kältesten Stunde die Wärme und das Licht unseres Gottes nur um so klarer scheinen? Wie vertrauen wir einem Engel, und wie gehen wir hin nach Betlehem? Es heißt im Evangelium, die Heerschar der Gottesboten habe sich zurückgezogen in die Sphären des Himmels, aber einfache Hirten seien zu Boten an ihrer Stelle geworden, und ihre Augen hätten in einem Viehtrog das Göttliche wahrnehmen können. Dies ist die Botschaft, die sie durch Jahrtausende an uns zu richten haben: In jedem Menschen wartet Gott, von neuem die Augen aufzuschlagen, und wird es tun, wenn Augen ihn anschauen, die das Göttliche in ihm wahrzunehmen imstande sind. Und nichts am Menschen verdient, ungelebt und ausgesperrt zu bleiben, daß unter den Menschen kein Unterschied mehr sei und Trennung nicht mehr bestehe zwischen Gott und Mensch und grenzenlos die Güte sei gegenüber aller Kreatur, daß die Zonen des Liebenswerten am Menschen nicht haltmachen, sondern alles umgreifen, das ärmste Tier, das Tierisch-Ärmste auch am Menschen; in allem lebt von diesem Tag an Göttliches und spricht zu uns als nie vergehendes Wort Gottes an uns.

Ein Kind ist keines Menschen Eigentum

An keinem Tag des Jahres sehnen wir uns so sehr nach Frieden und Geborgenheit wie am Heiligen Abend. Denn zu keiner Zeit des Jahres gehen unsere Erinnerungen so weit zurück bis in die Zeit, wo wir selber als Kinder Frieden und Geborgenheit erfahren oder doch mindestens erhofft haben. Deshalb bemühen wir uns nirgendwann sonst im Jahr so sehr wie in den Tagen der Vorweihnacht, Menschen, mit denen wir uns verbunden fühlen, zu sagen, daß wir sie lieben, und sie auf das herzlichste zu bitten, daß sie uns lieben möchten. Denn wir brauchen das Gefühl des Friedens und der Geborgenheit, und wir finden es auf der Welt nirgendwo sonst als im Herzen anderer Menschen. Große Mühe geben wir uns deswegen, liebenswert zu sein. Und doch ist es paradox: Je kostbarer wir unsere Geschenke einrichten, je verzweifelter wir uns oft anstrengen, desto mehr rücken wir von der einfachen Wahrheit dieses Tages ab, denn sie besteht darin, uns als Kinder leben zu lassen und uns die Chance zurückzugeben, Kinder zu werden. Unsere Erlösung beginnt damit, daß Gott auf die Welt kommt in der Gestalt eines Kindes. Und einem jeden, der es in seinem Herzen aufnimmt, wird es später die Möglichkeit verleihen, selber ein Kind Gottes zu werden.

Worin liegt dieses Wunder unserer Befreiung am Weihnachtstage, und durch welches Wunder kann es geschehen, daß Gott selber unser Herz als seine Krippe erwählt, um darin seiner wahren Gestalt und unserer Menschlichkeit entgegenzureifen?

Im Grunde sind es nur zwei Dinge, die wir am Weihnachtstag zu lernen brauchen, allerdings auch zu lernen haben. Das erste ist die Heilung der Ehrfurcht. Wir nennen die Geburt Jesu in Betlehem ein göttliches Wunder, und das war sie in der Tat. Aber in unserem eigenen Leben kann dieses Wunder sich nur wiederholen, wenn wir die gesamte Haltung aller Beteiligten in Betlehem uns selbst zu eigen machen. Das Wunder der jungfräulichen Geburt bestimmt seitdem, wenn von Erlösung die Rede ist, unser Verhalten zueinander.

Wessen Kind ist ein Mensch, wenn er auf die Welt kommt? Natürlicherweise, wird man sagen, ist er das Kind seiner Eltern. Aber das stimmte nicht in Betlehem, und es stimmt seither überhaupt nirgendwo. Denn wo immer Eltern zu ihrem Sohn oder ihrer Tochter sagen würden: Du bist unser Kind, würden sie etwas vom Glanz Gottes auf dieser Welt durch den Schatten, den sie selber darauf werfen, mindern. Eltern sind bestellt, das Wunder Gottes zu begleiten, das durch sie hindurchgeht und es ermöglicht. Aber es verleiht keinen Titel auf Eigentum, Besitz und Rechtsanspruch. – Die Eltern Jesu hätten viel Grund gehabt, Anspruch auf die Liebe ihres Sohnes zu verlangen. Mehr als für gewöhnlich haben sie dieses Kindes wegen durchgemacht. Die Liste wäre lang: Angst und Not, Flucht und Verfolgung, Spott und Hohn, Anfeindung und Traurigkeit. Sieben Schwerter, die durchbohren, kaum daß er zur Welt gekommen ist, dürften genug sein, damit Eltern sagen können: Du bist unser Sohn, und wir haben ein Recht auf deine Dankbarkeit.

Das Wunder der Weihnacht ist, daß wir zum erstenmal erfahren: ein Kind ist keines Menschen Eigentum, es gehört ganz allein Gott. Und nehmen wir auf, was Jesus später uns lehren wird, so müßte es vom ersten Tag an, da es existiert, zu seiner Mutter und zu seinem Vater sagen: Wenn immer ihr sagt »mein Kind«, hindert ihr mich, ein Kind zu werden, und ihr zwingt mich gar zu früh, ein Erwachsener zu sein. Ihr beschneidet dann den Raum, in dem das, was leben will, leben könnte, und ihr erstickt das göttliche Wunder durch menschliche Klügelei.

Es ist etwas Wunderbares an der Art, wie die Frau, die wir die Mutter Gottes nennen, mit ihrem Sohn in Betlehem umgeht. Sie trägt in ihrem Herzen die Vision eines Engels, der ihr das Wesen des Kindes, das sie zur Welt bringt, kündete. Aber in dem Moment, wo sie es zur Welt gebracht hat, steht sie staunend davor wie eine Unwissende. Sie selber erschrickt, als die Hirten von Betlehem *ihre* Erscheinung des Engels ihr erzählen. Sie antwortet nicht, kommentiert nicht und nimmt es in ihr Herz auf, um es zu erwägen. Das Gotteskind lebt auf dieser Welt, weil niemand behauptete: wir sind seine Eltern, weil jene, die es hätten behaupten können, ihn freigaben und ihn begleiteten auf dem wunderbaren Weg, den einzig Gott für ihn bestimmt hatte, einen Weg ständigen Lernens mit ihm, einen Weg ständigen Hörens auf ihn, einen Weg des Sich-Abgewöhnens, selber zu wissen, was für dieses Kind richtig sei. So wuchs Jesus heran, und er wird später, kaum erwachsen, seinen Eltern, sogar diesen wunderbaren Eltern sagen: Habt ihr nicht gewußt, daß ich einzig in dem sein muß, was meines Vaters ist? – Uns aber wird er sagen: Wenn ihr nicht selber werdet wie Kinder, so voll Vertrauen, so voll Mut, so voll Kraft, die in euch leben könnte, ihr werdet nie begreifen, wie nahe Gott eurem Herzen ist.

Dies ist das erste, was wir lernen können aus der Weihnachtsbotschaft: die absolute Ehrfurcht vor dem Leben eines jeden Menschen, vor der unaussprechlichen Schönheit seines Wesens und vor der unvorstellbaren Berufung, die in ihm leben möchte.

Und ein zweites gehört unmittelbar dazu: es ist die Entdeckung der Dankbarkeit für die Existenz des anderen, in dem Gott sich ausspricht und zur Erscheinung kommt. So mochte Christus später durch sein Beispiel und sein Wort uns ans Herz legen, wir sollten im anderen die Spur Gottes wiederentdecken und die Freude darüber lernen, daß es den anderen gibt. Wann immer wir einen anderen Menschen so lieben, daß wir darüber Gott dankbar werden, daß er ihn erschuf, tauchen wir wieder ein in das Wunder der Menschwerdung, in das Wunder unserer Erlösung. Denn in der Haltung dieser Dankbarkeit werden wir das Kind, das unverfälschte Wesen in dem anderen wiederfinden. Wir werden uns weigern, den anderen unter bestimmten Bedingungen zu akzeptieren und nach Maßgabe bestimmter Forderungen abzulehnen; vielmehr, wir werden spüren und wissen, wie sehr wir mit ihm verbunden sind und wie sehr sein eigenes Wesen unser Herz berührt. Und wo immer dies so ist, daß Menschen miteinander verschmelzen in der Liebe, wird Christus sagen, nimmt Gott aufs neue Wohnung auf dieser Welt, unter uns. Man wird in der Liebe aufhören, voneinander zu fordern, was nur Erwachsene verlangen: Tüchtigkeit, Perfektion, Fertigkeit in allem, wie man's machen muß, Reichtum, Macht, Leistung, Ehre oder mindestens Ehrgeiz, schließlich Habgier, Gemeinheit und Zerstörung. Wenn Weihnachten stimmt, werden wir versuchen, einander leben zu lassen, und die Herbergssuche wird ein Ende haben.

Denn eines jeden Menschen Herz ist fähig, zur Krippe für die Seele eines anderen zu werden, darin er Fleisch werden, Gestalt annehmen und leben kann. – Man wird, wenn man einen Freund hat, der gehbehindert ist, und ihn bittet, er möge mit einem am gleichen Tisch essen, nicht von ihm verlangen, daß er tanzt. Und wenn man einen Freund hat, der stumm ist, wird man nicht von ihm fordern, daß er eine Rede hält. Wenn er traurig ist, wird man nicht verlangen, daß er lacht, wenn er lacht, nicht verlangen, daß er weint. Man wird zurückkehren zum Wunder der Weihnacht: hinzuhören auf das Unableitbare. Und Kindsein wird heißen, daß man sich den Torheiten des eigenen Gefühls wird überlassen dürfen, daß man die Poesie der Liebe nicht mehr wird leugnen müssen, daß man das Wunder dessen, was nur Gott fügt, nicht mehr verbieten muß, daß man die universelle Fähigkeit des menschlichen Herzens, alles zu verstehen, nicht mehr zurückdirigieren muß auf die vordergründige Scheinlogik des Begreifbaren. Und überall da, wo Erwachsene sich abgewöhnen, Ritter auf Stelzen zu sein und Menschen, die sich und andere ständig überfordern, wo irgend das Wunder wieder geschieht, daß ein Erwachsener ein Kind wird, kommt das Kind von Betlehem noch einmal auf die Erde, schlägt seine Augen auf und redet Worte der Güte, die uns leben lassen. Seit dieser Zeit hat das Träumen von der Botschaft der Engel begonnen, die Vision von Sternen, die durch Dunkelheit und Nacht geleiten, und wächst die Fähigkeit, inmitten der Armut die verborgene Größe Gottes niemals aus den Augen zu verlieren. Im Unfertigen gestaltet Gott sich selber, um das Große, das Großtuende und Fertige zu beschämen. Wir dürfen leben, wie wir sind, mit dem ganzen Vertrauen, mit der ganzen Leidenschaft einer Sehnsucht nach Frieden und Geborgenheit, die es gibt in Gott, wenn er Gestalt gewinnt in der Schwester, in dem Bruder des gleichen Glaubens und der gleichen Hoffnung.

»Eine andere Krippe hat Gott sich nicht erwählt als unser Herz«

Die Weihnacht ist ein Geheimnis, das einzig die Liebe wahrzunehmen lehrt als Wahrheit über jedes Menschenleben. Wie hell müssen die Augen eines Menschen leuchten vor Glück, ehe sie in der Dunkelheit der Nacht den Widerschein des Himmels über sich strahlen sehen wie die Hirten auf den Fluren Betlehems. Es ist aber allein die Liebe, die die Augen eines Menschen strahlend macht. Und wie erfüllt von Freude muß das Herz eines Menschen sein, eh' es selber so einschwingt in Harmonie und Wohlklang, daß es im Wehen des Winterwindes die ganze Welt vernimmt wie den Gesang von Engeln. Es ist aber allein die Liebe, die das Herz eines Menschen singen macht. Wieviel Glück muß in der Seele eines Menschen wohnen, ehe ihm danach wird, die ganze Welt zu segnen und als Segen zu erfahren, als eine Stätte des Friedens und der Einvernahme des Herzens. Nur die Liebe lehrt uns, das Leben als Geschenk zu nehmen und uns selber zu betrachten als etwas von Gott Gesegnetes. Diese wunderbare Fähigkeit besitzen wir, einander so ins Herz zu schließen, daß wir noch einmal, wie von vorn, zur Welt geboren werden, so daß alles, was wesensursprünglich in uns liegt, zum Leben zugelassen ist.

Wenn wir am Heiligen Abend einander Gaben als Geschenk verehren, dann eigentlich, um uns wechselseitig zu sagen, daß wir uns so fühlten und betrachteten wie ein Geschenk des Himmels, das wir voller Dankbarkeit empfangen. Kein Mensch kommt auf die Welt ohne die Frage, ohne das fast unstillbare Bedürfnis, in der Liebe eines anderen zu hören und zu wissen, daß er mit seinem Dasein etwas Erwünschtes, geradezu Notwendiges ist. Nur dann wird er sich selbst wagen und mutig in sein Leben treten. Eben deswegen betrachten wir das Geheimnis der Heiligen Nacht als den Anfang unserer Erlösung, denn seit den Tagen Adams und Evas ist es keinem Menschen mehr selbstverständlich, erwünscht, gemocht, geliebt zu sein, er selbst mit seinem kleinen, armen Leben ein Geschenk an diese Welt, eine Art, in der Gott seinen Segen ausdrückt an alle anderen. Seit den Tagen

Adams und Evas ringt ein jeder Mensch auf seine Weise um die Berechtigung dafür, daß es so etwas wie ihn geben darf. Und wo nicht einmal mehr dies feststeht, daß es ihn geben muß und soll, und je mehr von Müssen und Sollen die Rede ist, wächst das Gefühl, überhaupt das ganze Leben wie eine Last, wie eine Pflicht, wie einen Fluch auf sich nehmen zu müssen. Es wird das Kind von Betlehem eines Tages sagen, es wolle die Menschen lehren, daß ihr Leben leicht sei, es habe eine Bürde zu vergeben, die sei süß zu tragen und sanft, aber wie aufgehoben in der Liebe muß ein Mensch sich fühlen und wie erhoben zum Himmel, um all der Erdenschwerkraft enthoben zu sein im reinen Licht der Gnade. Wie eine Flucht ohne Ende stürzen wir sonst in dieses Dasein, ohne Lust, ohne Freude, ohne Hoffnung, ohne Aussicht, immer ankämpfend gegen die länger werdenden Schatten der Verzweiflung, der wachsenden Dunkelheit. Wir können machen, was wir wollen, wir werden aus diesem Klima der Gnadenlosigkeit durch uns selber nie herauskommen. Wir mögen so tüchtig sein, so erfolgreich werden, wie wir wollen, es wird alles nur immer rascher und immer tödlicher sein.

Hört man genau zu, was Menschen antworten, wenn man sie fragt: Warum lebst du?, dann werden, nachdem die oberflächlichen Antworten von Vergnügung und Amüsement beiseite geräumt sind, fast immer Antworten übrigbleiben, daß man lebt aus Angst vor dem Tod und aus Verantwortung für die Schwäche anderer. So ist es ein verfluchtes Dasein, geboren ins Unglück und Unglück gebärend. Daß dieser Kreislauf ein Ende hätte, dafür steht das Geheimnis der Heiligen Nacht. Es ist der Augenblick, wo die Tage am kürzesten und die Nächte am längsten sind und wo das Licht zu sterben droht. Es ist grad der richtige Augenblick, einem jeden Menschen und der Menschheit im ganzen zu sagen, woraus sie wirklich existieren kann, abseits der Kälte, jenseits der Einsamkeit. Das Licht kann nicht sterben, solange wir selber Sehnsucht tragen nach der Liebe, und selbst das Leid ist immer noch wie eine Erinnerung an diese Wahrheit unseres Herzens. Seit dieser längsten Nacht ist dieses heilige Geheimnis im Wachsen begriffen, quer durch die Geschichte, und es vermehrt sich mit dem Leben eines jeden, der ein Stück Wärme um sich her verbreitet, ein bißchen mehr die Augen hell, das Herz weit und die Seele singend macht.

Genau besehen, lehrt uns das Geheimnis dieses Abends, fortan in jedem Menschen ein Wesensabbild Gottes zu sehen und einander zu begegnen mit der gleichen Ehrfurcht, mit der in der Ostkirche am Eingang zum Heiligtum die Gläubigen eine Ikone, ein heiliges Bild, küssen und berühren, wie um allen Staub von ihm zu nehmen und die Reinheit seines Goldglanzhintergrundes gegen allen Ruß und Schmutz mit der Zärtlichkeit der Hände und des Mundes hell und sichtbar zu machen. Jeder Mensch, ob hoch oder niedrig, ob reich oder arm, ob vom Schicksal beglückt oder in die Ecke verstoßen, ist in sich selbst in seinem Wesen und seinem Werdegang, in der Schönheit seiner Person ein solches heiliges Bild der Gottheit. Schaut man in seine Augen, so sieht man in die Augen Gottes; im Atem seiner Worte spürt man etwas vom Atemwind Gottes, der weht, wo er will, überall auf der Welt. Und nur ein einziger Auftrag, besser: eine neu geschenkte Fähigkeit geht aus diesem Geheimnis hervor: Es sollte und darf kein Kind mehr geben, das auf diese Welt kommt, ohne daß es Menschen findet, die ihm den Weg zum Himmel zeigen, über seinem Haupt den Stern ihm weisen als Bild seiner Hoffnung, seiner Bestimmung und seines Ziels.

Die Bibel sagt, es seien Hirten gewesen, die vom Gesang der Engel und vom Lichtglanz des Himmels so erfüllt waren, daß sie hinübergingen nach Betlehem – wörtlich: zum Haus des Brotes, betlehem –, um in der Armseligkeit einer Krippe ein Kind anzubeten und der Frau, die es geboren hatte, ihr Geheimnis mitzuteilen. Es sind, entsprechend diesem Evangelium, andere, Hirten, die der Madonna sagen, wie schön sie ist und welch ein Wunder sie vollbracht hat. Sollte man denken, daß wir alle diese Bestimmung besäßen und befolgen könnten? Was uns erstickt, ist unsere aufgespaltene Existenz. Wir gehören einer Kultur zu, deren – wenn schon nicht geschriebene, dann mindestens heilige – Gesetze wir befolgen. Wir glauben frei zu sein, aber wir werden reglementiert bis in die Details hinein: wie man sich anzieht, kleidet, spricht, auftritt, wirken muß – alles festgelegt nach Konvention, nach Tradition, nach Institution. Oder wir fallen zurück und sind dann nur noch ein Stück Natur, ausgeliefert der Krankheit und dem Tod.

Hirten sind Menschen im Übergang zwischen der Freiheit und der Ordnung, zwischen Traum und Tag, zwischen Nacht und Wirklichkeit. Wäre es denkbar, daß wir selbst aus unseren Träumen so zu leben vermöchten, daß wir uns damit in die Tageshelle wagen? Auf jedem Schritt, der vom Hirtenfeld nach Betlehem führt, werden Leute stehen, die sagen, daß wir uns irren, daß die Wirklichkeit anders ist, daß wir nicht Illusionen folgen sollten, daß wir keine Beweise in Händen haben und daß wir uns nur lächerlich machen. Was zu sehen ist, was die Photos zeigen, was man eindeutig bestimmen kann, ist ein schreiendes Kind in einer Krippe, macht euch nichts vor. Oder machen sich nicht vielmehr diejenigen etwas vor, die immer nur wissen, was man macht – Menschen ohne Träume, ohne Visionen, ohne Gesang, ohne Engel, ohne tanzende Nächte, in denen die Sterne flirren vor Glück? Es gibt Formen der Armut, die uns lehren, reich zu werden. Es gibt einen Augenschein, der so armselig ist, daß wir lernen, das Unsichtbare für wahrer zu nehmen. Und so beginnt das Geheimnis der Heiligen Nacht. Jede Enge unseres Herzens bringt die Gefahr, andere Menschen einzuengen. Jeder Traum unseres Wesens, den wir nicht zu leben wagen, wird Träume im Herzen der anderen zerstören. Jede Hoffnung, die wir selber verweigern, wird andere Menschen der Hoffnung berauben.

Man sagt von der Heiligen Nacht, Gott habe sich geschenkt als sein Wort, eingegangen in die Greifbarkeit eines menschlichen Lebens. Aber nun wir: Wie läßt sich unser Herz ergreifen von Worten, die die Liebe so ausdrücken, daß sie das Wesen eines anderen gültig beschreiben? Wie lehren wir die Kinder eine Sprache sprechen, die sich traut, Gefühle auszudrücken und zu erzeugen? Wie geben wir ihnen Augen, die in Symbolen diese irdische Welt zur Brücke ins Unendliche erheben, die Wände durchsichtig, der Sinngehalt schimmernd, eine Schöpfung voller Verweisungen, voller Gleichnisse, voller Poesie? Und wie lehren wir den Wagemut, den eigenen Gesang in unserem Herzen voller Glück und Dankbarkeit so mitzuteilen, daß er zu einer sich ausbreitenden Harmonie wird? Im Herzen eines jeden Menschen gibt es ungehörte, unerhörte Lieder. Vielleicht sollte man gar nicht sagen, daß Engel gesungen haben auf den Fluren von Betlehem, sondern daß es Menschen geben kann und seit der heiligen Weihnacht gibt, in sich so getragen, so erfüllt vom Reichtum Gottes, daß es ist wie eine unhörbare Musik, die diese Welt durchzieht und einen jeden Menschen ruft in seine Sehnsucht, in seine Weite, auf dem Weg zum Himmel, dem Weg der Sterne. Und unsere unendlich schöne, unendlich große, ewige Seele, dieser goldene Schmetterling von Licht, wartet auf das Blühen des Lichtes der Liebe in unserem Herzen. Diese Erde wird nie Heimat sein, aber sie ist uns um so vertrauter, als sie uns wird zum Weg hinüber ans Gestade der Ewigkeit. Und wir können einander begleiten in wachsender Vermenschlichung, im Ringen sich vollziehender Reifung, in einer nicht endenden Poesie des Herzens. Seit dieser Nacht ist jeder Mensch eine lebende Ikone, ein lebendiges Heiligtum, wartend darauf, berührt zu werden, angesprochen zu werden mit den Gebärden und Zeichen der Liebe Gottes. Denn eine andere Krippe hat Gott sich nicht erwählt als unser Herz.

Wo liegt Betlehem?

1 Es geschah in jenen Tagen: Es erging eine Verfügung von seiten Kaisers
Augustus, zu registrieren sei die ganze bewohnte Erde. 2 Diese Regi-
strierung geschah als erste, während Statthalter über Syrien Quirinius
war. 3 Da gingen alle hin, sich registrieren zu lassen, ein jeder in seine
Heimatstadt. 4 Hinauf zog also auch Josef von Galiläa, aus der Stadt
Nazaret, nach Judäa, in die Stadt Davids, die Betlehem heißt, deswegen
weil er war aus dem Hause und Vaterstamm Davids, 5 sich registrieren
zu lassen mit Maria, der ihm Verlobten, die schwanger war. 6 Da
geschah es: bei ihrem Dortsein erfüllten sich die Tage ihres Gebärens,
7 und sie gebar ihren Sohn, den Erstgeborenen, und sie wickelte ihn und
legte ihn in eine Krippe, weil kein Platz für sie war in der Unterkunft.
8 Auch Hirten waren in derselben Gegend, auf freiem Feld lagernd,
Nachtwachen wachend bei ihrer Herde. 9 Und ein Engel des Herrn trat
zu ihnen, und die Herrlichkeit des Herrn umstrahlte sie, und sie fürch-
teten sich, eine große Furcht. 10 Doch es sagte ihnen der Engel: Fürch-
tet euch nicht. Denn da! Eine Heilsbotschaft bringe ich euch, eine große
Freude, die zuteil werden wird dem gesamten Volk: 11 geboren ward
euch heute ein Retter, der ist der Messias, der Herr, in der Stadt Davids.
12 Und dies sei euch ein Zeichen: Ihr werdet ein Baby finden, gewickelt

und liegend in einer Krippe. [13] Und plötzlich ward da zusammen mit dem Engel eine Menge himmlischer Heerschar, die lobten Gott und sagten:

[14] Herrlichkeit Gott in den Höhen,
und auf Erden Friede in Menschen des Wohlgefallens.

[15] Und es geschah: wie fortgegangen waren von ihnen in den Himmel die Engel, sprachen die Hirten zu einander: Laßt uns doch gehen auf Betlehem zu und laßt uns sehen die Botschaft, das Geschehen, das der Herr kundgetan hat uns. [16] Und sie gingen eilends und fanden: Maria sowohl als auch Joseph und das Baby, liegend in einer Krippe. [17] Als sie es sahen, taten sie kund die Botschaft, die ihnen gesagt worden war über dies Knäblein. [18] Und alle, die es hörten, wunderten sich über das, was gesagt ward von den Hirten zu ihnen. [19] Maria aber – alles bewahrte sie, diese Botschaften zusammenfügend in ihrem Herzen. [20] Und es kehrten die Hirten zurück, verherrlichend und lobend Gott ob allem, was sie gehört und gesehen, wie es gesagt worden war zu ihnen.

Lk 2, 1–20

Wo liegt Betlehem, und wo ist der Ort, an dem Gott geboren werden kann? Betlehem ist nicht die Stadt zwanzig Kilometer im Süden von Jerusalem, denn das Evangelium von der Geburt Jesu erzählt nicht den Anfang des Lebens Jesu, es erzählt in Wahrheit den Anfang unseres vermenschlichten Lebens, die Geschichte unserer Menschwerdung. Darum liegt Betlehem überall dort, wo Menschen zu leiden vermögen an der Unmenschlichkeit und Hunger und Durst tragen nach der Gerechtigkeit Gottes. Nur ihrem Herzen ist Gott so nahe, daß er dort leben könnte. Zweitausend Jahre christlicher Legende hat in ihren Bildern aus dem Reichtum der eigenen Erfahrung nur die Bedingungen zu verdichten vermocht, die dieses Wunder der Menschlichkeit und der Güte unseres Gottes zu beschreiben vermögen.

Nacht war es in der Stunde von Betlehem. Wissen Sie, was das ist: Nacht? Wenn Menschen sehen und keine Aussicht haben und ihre Träume tot sind und die Leere sich endlos breitet und die Welt ein gähnendes Loch ist und die Hände nach Halt suchen und ihn nicht finden und jeder Morgen nicht mit einem Sonnenaufgang, sondern einer Sonnenfinsternis beginnt? Diesen Menschen der Nacht ist Jesus erschienen als Licht, das leuchtet im Dunkeln. Über denen, die Gott nie kannten, wird es aufstrahlen hell und groß. Das ist erfüllt seit dieser Nacht.

Kalt war es in dieser Stunde, sagt die Legende. Und wissen Sie, wie es ist, wenn das Herz von Menschen erfriert im Schneetreiben der Worte und die Füße stocken im Firnis der Oberflächlichkeit und die Finger zittern, blaugefroren an den Gletschermassen vereister Gefühle? Diesen Menschen der Kälte wird Christus sagen: Ich bin gekommen, Feuer auf die Erde zu werfen, und was will ich jetzt anderes, als daß es brennt!

Einsam und ausgestoßen sei es gewesen in der Stunde von Betlehem. Und wissen Sie, wie es ist, wenn Menschen auf die Welt kommen an einem Ort, wo es ein Zuhause nicht gibt, nur ein endloses Suchen und Sich-Sehnen draußen vor den Türen der Menschen, Kinder nicht von Eltern, sondern Abkömmlinge der Mutter Eva, der Verbannten, der Ausgestoßenen, immer brennenden Boden unter den Füßen, immer nur laufend vor Angst, fliehend, ausgesetzt und heimatlos, ohne Recht, ohne Bleibe, ohne Stätte? Den Menschen der Einsamkeit wird Christus sagen: Die Vögel haben ihre Nester und die Füchse ihre Baue, aber des Menschen Sohn hat keinen Ort, wohin er sein Haupt legen könnte. Ihr aber, kommt zu mir, ihr Beladenen, ihr Mühseligen, Geplagten, ich will euch frei machen und euch mitnehmen in das Haus meines Vaters.

Alle die Frierenden, die Umdüsterten, die Ausgesetzten und die Heimatlosen werden die Nacht von Betlehem verstehen, denn so wird das Kind sagen: Ihr, die ihr weint, selig seid ihr. Ihr, die ihr trauert, glücklich seid ihr. Ihr, die ihr noch leiden könnt, nahe seid ihr dem Reich Gottes.

Das Betlehem der Landkarte liegt zwanzig Kilometer im Süden von Jerusalem, aber das wirkliche Jerusalem liegt dicht an dicht mit Betlehem in unserem eigenen Herzen. In Jerusalem bewohnen andere Leute die Häuser und die Straßen. Dort trifft man die Satten, die Fertigen, die Schlafenden, die Eingerichteten, die Mächtigen, die Volkszähler, die Regenten, die Herrscher, die Kriegstreiber, die Gegengewaltigen, die Kindestöter. Sie bewohnen die Stadt der Mörder, wird das Markusevangelium sagen. Dort erwartet man nichts, denn man fürchtet die Veränderungen. Dort klammert man sich an das, was man hat, Gedanken, Ideen, die man gelernt hat, das Vermögen, das man erworben hat, die Bastionen und Positionen, bis zu denen man es gebracht hat, man hat Angst, daß sich nur irgend etwas wandeln oder ändern könnte. Und die Mauern von Jerusalem sind stark. Drum beginnt die Weihnacht mit einem Aufruf, wie er in den Psalmen steht: Wächter der Nacht, stoß in das Schophar-Horn, denn der Messias ist da. Reiß die verfeierlicht Feisten aus ihren Gemächern. Übergib die betulich Wichtigen ihrer verdienten Lächerlichkeit, denn die Trennwände zählen nicht mehr, die Menschen von Menschen trennen, Hoch und Niedrig, Mächtig und Ohnmächtig, denn es gibt keinen Punkt der Demütigung mehr, bis zu dem sich Gott nicht gebeugt hätte.

O ja, arm war es in Betlehem. Und wissen Sie, was Armut ist, wenn die Seele eines Menschen so hohl ist wie der Mund eines Verhungernden und so leer wie die Hand eines Bettlers am Wege, und sehen Sie vor sich die Bilder der Armut von Frauen, deren Kraft nicht mehr ausreicht, die Fliegen aus den Augen ihrer verhungernden Kinder zu verjagen, wenn Armut bedeutet, die Zeitungen an den Straßenrändern aufzusammeln, um einen Ort zu finden, wohin man des Nachts sein Haupt legen könnte, ärmer als die Tiere? Diesen Menschen der Armut wird Christus sagen: Ihr seid Gott nahe. Und wehe euch, ihr Reichen!

Was kann geschehen, uns zu erlösen, mit dem Blick auf das Kind von Betlehem? Eigentlich nur dies: daß wir die Überheblichkeiten aufgeben, die Wahngebilde der Normalität beseitigen und daß wir den Mut bekommen, an die Leidenschaft des Herzens, an die Unendlichkeit der Liebe, an die Wahrheit des Mitleids bedingungslos zu glauben. Dann wissen wir, daß wir allesamt Kinder sind. Niemanden von uns hat man wirklich leben lassen, als er ein Kind war, und einen jeden hat man gezwungen auf seine Weise, möglichst schnell fertig zu sein, so daß viele sich an ihre Kindheit überhaupt nicht mehr erinnern können oder wollen, und andere fliehen sie, eiliger, als Lot dem brennenden Sodom zu entfliehen trachtete.

Aber wie nun, wenn in all der erzwungenen Überheblichkeit, dem Perfektionsdrang, dem ständigen Dastehenmüssen mit fertigen Resultaten, vorweisbaren Auskünften, fraglosen Gewißheiten, wahnhaften Terrorprogrammen es gestattet würde, ein Kind zu sein, ein wahrer Mensch, nicht anders, als wir zur Welt geboren wurden? Eine Kunst gilt es zu üben und zu lernen seit dieser Nacht von Betlehem: Es ist möglich, in einem jeden Menschen das Kind wiederzuentdecken, das er war, bevor man es beinahe tötete.

Und die Bilder stimmen. Es mag der Atemwind der Phrasen aus den Mündern der Menschen kälter sein als die Atemwärme aus den Mäulern der Tiere an der Krippe, wir aber können eine Menschlichkeit üben, die Phantasie, Traumnähe, Schöpferkraft und Kreativität genug besitzt, das bisher nie Gesehene wahrzunehmen, das so noch nie für möglich Gehaltene wiederzuentdecken. Und dann steht hinter der Wiege eines jeden und hinter der Gestalt eines jeden Menschen ein verborgener Engel Gottes, das reine Bild seines Wesens, zu dem er berufen ist, Weggeleiter zum Himmel. Die deutsche Sprache hat den Zynismus in die Redewendung aufgenommen: Man kann Menschen so fertigmachen, daß sie »die Engel singen hören«. So bis an den Rand des Todes kann man Menschen treiben. Aber man kann vom Rand der Unmenschlichkeit zurückkehren in die tiefere Wahrheit eines bedingungslosen Mitgefühls. Es ist möglich, daß aus der Kälte der Nacht sich die Hellsichtigkeit und Wärme des Tages erhebt. Es ist möglich, daß aus der Einsamkeit die Einfühlsamkeit einer suchenden Nähe wird. Es ist möglich, daß aus der Ausgesetztheit eine besondere Empfindsamkeit der Seele erwächst und eine Fähigkeit, dem anderen Heimat zu werden und Haus.

Und dann stimmt es: Die Stirn eines jeden Menschen, der unserer Liebe nahe ist, ist wie der Himmel selber geschmückt mit dem Heer der Sterne, und unsere so armen Hände vermögen es in der Liebe, dieser Stirn eine Königskrone auf das Haupt zu legen, geziert mit den Edelsteinen von Sonne und Mond und allen Kostbarkeiten der Erde, der Meere und des Himmels, des Bodens, um zu leben, der Sehnsucht, die uns trägt, und der Verheißung, die sich vorbereitet. Über diese Fähigkeit verfügen wir: über dem Haupt eines Menschen, der uns nahesteht, einen Stern leuchten zu sehen im Raum der Unendlichkeit, aus der er gekommen ist und zu der er zurück will. In einem jeden Menschen wartet das Gottesantlitz auf seine Befreiung. Ob es uns gelingt nach der Stunde von Betlehem? Kleines Jesuskind, hörst du das Trappeln der Pferde, das Stampfen der Hufe, das Schreien der

Frauen in den Gassen von Betlehem? Flieh, kleines Jesuskind, flieh weit, in ein Land, dessen Sprache du nicht kennst. Verbirg dich vor den Menschen, versteck dich in den Wäldern, birg dich im Gebirge, denn die Häscher warten auf jedes Wort, das du sagen könntest. Sie haben Angst vor jeder Klarstellung, die sie überführt. Sie zittern vor dem Atemwind der Freiheit. Es gilt ja nicht die Formel: Friede den Hütten und Krieg den Palästen. Es gilt nicht den Sturmwind zu rufen; er vermag nichts gegen das Eis. Aber du, Kind von Betlehem, wirst das Furchtbarste bringen für die eingerichtete Angst der Unmenschlichkeit. Du wirst kommen mit der Kraft des Südwindes. Du wirst die Menschen lehren zu beten für die, die sie verfolgen, und du wirst sogar am Kreuz noch deinen Vater anflehen um Vergebung für deine Henker, weil sie nicht wüßten, was sie taten.

Wissen wir nicht, was wir tun? Wem im Glanz des Sterns von Betlehem in dieser Nacht der Kälte, der Einsamkeit, der Ausgesetztheit und der Armut nicht die Augen aufgehen, immer noch nicht die Augen aufgehen, dem, muß man fürchten, werden sie blind bleiben. Und keine Hand Gottes kann sie mehr öffnen, denn mehr vermochte Gott nicht zu tun: ein Licht zu sein im Dunkel. Wir wissen, was wir tun, ohne Entschuldigung.

Es ist möglich, daß wir noch sagen: Aber wir sind zu klein, wir sind Kinder, wir kommen nicht auf gegen eine ganze Welt. Dann wird Gott uns sagen: Aber schau, wie ich wirke. Der Raum des Weltalls ist so leer, daß kein Hochdruckvakuum auf Erden eine ähnliche Leere erzeugen könnte. Aber aus der Feinheit am Rande des Nichts formt sich der Staub der Sonnen. Sie entladen sich wie zerberstende Glutöfen zweimal, dreimal in den Kosmos hinein, dann formen sie Sonnen, umgeben von Planeten, fähig, Leben zu tragen. Müssen wir wissen, was wir machen können? Seit dieser Nacht genügt es, zu glauben, daß Gott wirkt auf jungfräulichem Boden, wenn wir ihm nur seine Güte glauben und unser Herz bereithalten als den Ort, an dem er wachsen kann, denn Betlehem ist unser Herz oder es hätte nie ein Betlehem für uns gegeben.

DIE KRAFT DER VISIONEN

Ein jeder Mensch trägt in sich die Hoffnung oder doch mindestens die Erwartungen, daß sich die Gestalt des Menschen einmal unverfälscht und rein zu erkennen gäbe. Es müßte irgendwann auf dieser Welt einmal sein, daß man Menschenkinder so leben ließe, wie sie von Gott gemeint sind. Friede würde sein, wenn einmal ein Kind zur Welt käme, in dem das Werk Gottes leben darf und nicht von außen her zugedeckt und weggezogen wird. Man braucht das Bild des göttlichen Schutzes und der göttlichen Verklärung, um zu wissen, daß auf einem jeden Menschenkind, das in die Welt kommt, der unendliche Glanz seines Schöpfers leuchtet. Was wir seit dem Weihnachtstage von Christus glauben, lernen wir zu sehen immer, von einem jeden Menschen. Das Wunder der Weihnacht wiederholt sich, soll sich wiederholen in der Einstellung und Haltung, die wir einem jeden gegenüber bewahren möchten, müßten. Und da gilt, daß kein Mensch auf die Welt kommt, ohne daß ihm verheißen wäre ein Reich des Friedens und ohne daß er selber dazu bestimmt wäre, der Sohn des ewigen Königs zu sein, ein Kind Gottes auch er. Und hineingehen sollte er in eine Welt, die ihn aufnimmt, bereitwillig, ohne zu fragen, ohne Bedingungen zu stellen, ohne zu sagen: Wir brauchen dich, wenn du dich nach uns richtest und dich unseren Erwartungen fügst. Über einem jeden Menschen, um ihm gerecht zu werden, brauchten wir die Vision der Engel, und wir brauchten Ohren, die fähig wären, ihren Gesang zu vernehmen.

Aber die noch größere Schwierigkeit besteht darin, von der Vision weg hinüberzugehen in die Wirklichkeit, nach Betlehem, aus dem Traum der Nacht die Erkenntnis des Tages werden zu lassen. Daß uns dies vergönnt sei, ist das zweite, wichtige Wunder des Weihnachtsfestes. Denn wohl ist es viel wert, daß uns die Dunstschleier des Vordergrundes geöffnet werden auf das geheime Wirken Gottes inmitten unserer Menschenwelt hin. Aber genauso groß ist es, den Traum wiederzuerkennen in der oft so kleinen äußeren Erscheinung. Wie denn, sollten die Hirten, mit dem Bild der Engel vor Augen, ihre eigene Vision wiedererkennen in der Armseligkeit von Stall und Krippe? Gott tritt in diese Welt, der Erwartete ist da, und es gilt zu sehen, was man nur mit dem inneren Auge wahrnehmen kann, inmitten der Winzigkeit, inmitten der Armut; nirgendwo sonst, wenn nicht da, beginnt und lebt auf dieser Erde unser Heil. Ohne die Demut, sich zu beugen vor dem als gering Erscheinenden, weil gerade dieses das Gottesantlitz trägt, ohne die Bereitschaft zur Geduld, das Kleine reifen zu lassen und die Anfänge kostbar zu finden, wird es für die Gestalt unseres Erlösers auf dieser Welt keine Chance geben. Ohne den Mut, die Visionen festzumachen in dem, woran die Sinne scheitern, werden wir zum Glauben nicht kommen. Verheißen ist uns ja nicht ein Reich nur der Träume, des Ausblicks und des Wartens auf ein kommendes, anderes Reich, berufen sind wir, aus der Vision zurückzukehren in diese unsere Welt, die sich gar nicht geändert hat, und an jeder Stelle aufzugreifen und wie Funken zu sammeln, was vom Sternenlicht der Engelnacht aufglüht, sichtbar wird, daß wir's hüten, daß wir's in Verbindung bringen und deuten – sogar den Betroffenen.

Man sollte denken, daß Maria und Josef, selber durch Engelerscheinung und Traum belehrt, wohl wüßten, welch einem Kind sie das Leben schenken, aber es heißt in diesem Text: Alle, die die Hirten hörten, staunten über ihre Worte – wie wenn man im Verlauf des Lebens Schritt für Schritt immer dazulernen müßte, die gleiche Vision ständig erneuern müßte. Auch dies gehört zum Glauben, daß uns von den Visionen anderer her gesagt werden muß, was in uns selber vorgeht und unser eigenes Leben betrifft auf dem Weg zu Gott. Welch eine wunderbare Aussage über die Mutter des Herrn! Wenn man die Aufgabe hat, ein Kind Gottes, ein Kind für Gott großzuziehen, möchte man denken, man befrachte sich mit Verantwortung, man müsse alles richtig machen, keinerlei Schuld dürfe einem unterlaufen. Die Mutter Gottes aber *weiß* nie, was eigentlich das Wesen ihres Kindes ist; sie lernt es im Verlauf der Jahre immer tiefer zu verstehen. Sie stellt sich nicht hin und erklärt: So mußt du sein – sie geht mit, und Schritt für Schritt mit dem Reifen des Göttlichen reift auch ihr Herz. All diese Geschehnisse bewahrte sie, sagt das Evangelium. Es ist wie eine Aufforderung an uns, zu sehen und zu hören auf das, was an Göttlichem in einem jeden Menschenleben wohnt, sich meldet und nur darauf wartet, zugelassen zu werden. Und wo irgend wir einem Menschen begegnen, für dessen Existenz wir Gott von Grund auf danken, werden wir ein Stück weiter auf dem Wege sein nach Betlehem.

Die jungfräuliche Geburt oder: Das Weihnachten des Lebens

18 Mit Jesu Christi (des Messias) Ankunft aber war es so: Verlobt war
seine Mutter Maria dem Josef; eher noch als sie zusammenkamen, ward
sie in ihrem Schoße tragend gefunden von heiligem Geist. 19 Josef aber,
ihr Mann, rechtlich wie er war und doch nicht willens, sie bloßzustellen,
war entschlossen, insgeheim sie zu entlassen. 20 Jedoch, als er dazu sich
durchgerungen, da: ein Engel des Herrn im Traum erschien ihm,
sprechend: Josef, Sohn Davids, nicht habe Angst, Maria (als) deine Frau
anzunehmen; denn das in ihr Gezeugte – aus Geist ist es, heiligem!
21 Gebären aber wird sie einen Sohn, und du sollst seinen Namen Jesus
(»Gott rettet«) rufen; denn er wird sein Volk retten aus seinen Sünden.
22 Dies ganze aber ist geschehen, damit verwirklicht werde, was ange-
sagt ist vom Herrn durch den Propheten, sprechend:

23 Da, die Jungfrau, im Schoß wird sie tragen und wird gebären einen Sohn,

Und sie werden nennen seinen Namen Emmanuel, das heißt übersetzt: »Mit uns ist Gott«.

24 Als aber aufwachte Josef vom Schlaf, tat er, wie ihm aufgetragen
der Engel des Herrn, und so nahm er seine Frau an. 25 Doch nicht
erkannte er sie, bis daß sie einen Sohn gebar. Und er rief seinen Namen
Jesus.

Mt 1, 18–25

Ein ebenso sonderbares wie wunderbares Fest ist das, was wir Weihnachten nennen und als die Geburt Gottes unter uns Menschen begehen; sonderbar, weil es an Hoffnungen und Erwartungen so viel in sich vereinigt wie kein anderer Tag des Kirchenjahres, und wunderbar, weil dieser Gedanke der Menschwerdung Gottes jenseits aller Enttäuschungen uns tragen und uns neu bestimmen kann, wirklicher zu leben und zu sein, was Gott mit uns gemeint hat.

Was soll man sagen zu einem Fest, das schon dadurch auf das äußerste mißverständlich ist, daß man es als ein »Fest« ausgibt, so daß alle Worte, die darüber gesagt werden, mehr falsch als richtig werden müssen? Wie erlöst man das Weihnachtsfest sozusagen von sich selber? Zum Beispiel gehört zu jeder ordentlichen Weihnachtspredigt wohl das Reden davon, wie glücklich wir darüber sind oder doch sein müssen, daß am Weihnachtstag Gott »sein Heil an uns gewirkt« hat, indem er »seinen Sohn« in diese Welt sandte. Es mag sein, daß solche Erklärungen in der tradierten Theologensprache richtig sind. Dennoch scheint es, daß alles sich viel einfacher verhält – und in gewissem Sinne auch verbindlicher. Gott »handelt« überhaupt nicht, er ist einfach da; er wirkt nicht, er ist in sich selbst die Wirklichkeit schlechthin; er umhüllt und umflutet uns wie das Licht der Sonne. Aber ab und an schlägt jemand die Augen auf, blickt in die strahlende Helligkeit, und es taucht vor ihm eine zauberhafte Welt auf. Dann sagt er: Gott wirkt ein Wunder, und kann es nicht fassen, traut sich's nicht zu und bemerkt den eigenen Augenaufschlag kaum, vergißt ihn wohl auch sehr bald wieder, und Jahrhunderte treiben dahin in dem alten Dunkel, bis ein anderer kommt, der den Mut hat, ins Licht zu schauen. Es ist wahr, selbst das Öffnen der Augen gelingt uns nicht von allein, wir fürchten die blendende Helligkeit gleißenden Lichts nach langen Zeiten der Finsternis. Es ist auch wahr, daß unser Auge in gewissem Sinn geschaffen wurde von dem strahlenden Glanz des Lichtes selber: es schuf sich mit unserem Auge die eigenen Voraussetzungen, um sich selber wahrzunehmen. Alles in diesem Sinne ist Wirken und Wirklichkeit Gottes, sogar unser Aufwachen, sogar unser Öffnen der Augen, sogar unsere Fähigkeit, überhaupt etwas Göttliches wahrzunehmen. Aber ist daraus ein Fest zu machen, und ist das Wunderbare überhaupt festzumachen?

Es gelingt uns nur mäßig, was wir da meinen – die termingerechte Freude. Natürlich, wir können pünktlich bis zum 24. Dezember alles mögliche herstellen, in Auftrag geben und produzieren: Tannenbäume, Weihnachtsgänse, Lametta, Kugeln, Christstollen, alles, was wir brauchen und haben möchten, aber die Freude selbst stellt sich selten termingerecht ein, und sie kommt nicht einfach, wenn sie dasein muß, pünktlich am Heiligen Abend, sagen wir, um 18.30 Uhr bei der Bescherung. So eine Weihnachtsvorbereitung ist vielleicht ganz gut gemeint, aber sie überfordert uns immer wieder mit dem Krampf der termingerechten, pünktlichen und dann »ganz intensiven« Gefühle. In Wirklichkeit ist Weihnachten gar kein Fest, sondern der Beginn einer Grundstimmung. Nicht *einmal* sollten wir's feiern, sondern unser ganzes Leben lang sollten wir uns betrachten mit den Augen Gottes als getaucht in Licht, und unser ganzes Leben sollten wir verbringen als einen einzigen Festtag. Denn darum geht es eigentlich: daß wir uns wahrzunehmen lernen, so wie Gott uns sieht, und daß wir wahrzumachen beginnen, was wir da zwischen Traum und Tag, zwischen Nacht und Helligkeit, zwischen Verzweiflung und Hoffnung immerhin doch schon als nahe Möglichkeit ahnen.

Wir geben uns soviel Mühe, das, woran wir glauben, in Zeichen zu setzen, und sie alle stimmen natürlich in der Absicht und in der Richtung, die wir damit andeuten wollen, immer aber stehen sie auch in der Gefahr, durch zuviel guten Willen überstrapaziert zu werden. Da brauchen wir beispielsweise alle möglichen Geschenke zu Weihnachten, und sie sollen so etwas ausdrücken wie unsere Dankbarkeit und Freude aneinander; aber es liegt immer wieder auch die Angst über dem, was wir tun: Machen wir's richtig? Wird es dem andern gut genug sein? – eine geheime Konkurrenz waltet da, wer macht dies oder das noch besser als wir – schließlich, daß wir uns erschöpft sehnen nach dem Kreis der vertrauten Freunde und Bekannten, um ein paar Stunden wenigstens auszuruhen. Doch schon lauert da womöglich ein neuer Schrecken! Es gibt Leute, die ein halbes Jahr vor Weihnachten bereits in Angst davor leben, was ihnen Weihnachten bringen wird. Müssen sie ihre Mutter besuchen, müssen sie wirklich ihre Schwiegermutter zum Festtage einladen? Wie lange muß man die Großmutter zu Hause behalten? Und die Enkelkinder, was sie alles anstellen können! Ferner: Leute, die man alle Jahre einmal sieht und dann noch pflichtgemäß, *müssen* hochwillkommen sein, aber sie sind es keinesfalls immer, und so geht uns schließlich in der Kälte des Winters der gutgemeinten, aber ungereimten Redensarten jedes wahre Wort verloren, bis daß wir schließlich froh sind, wenn wir endlich wieder voneinander Abschied nehmen; dann atmen wir tief durch, und jetzt sollte eigentlich – ja, was eigentlich beginnen? Müdigkeit und Erschöpfung stellen sich ein und damit vielleicht überhaupt erst das richtige Weihnachten; denn *das* hat damit zu tun, daß wir überhaupt nichts »machen« müssen, sondern daß wir ein bißchen wenigstens werden wie Gott selbst; wir *sind* einfach da, wir sind einfach wirklich, und mehr brauchte es nicht. In den wirklich wichtigen Momenten unseres Lebens braucht es nicht mehr.

Gott kommt zu uns, indem wir gelten lassen, was unser Herz uns eingibt. Immer stehen wir vor der Wahl, die Welt zu betrachten, wie sie vermeintlich objektiv und »realistisch« erscheint, oder wie sie sich verklärt in einem Feld der Gnade und der Liebe. Rein »realistisch« betrachtet, steht in dieser Welt nur wenig zu hoffen und zu erwarten; da gilt es, möglichst rasch erwachsen und tüchtig zu werden und das Leben zu »meistern«, so gut wir nur können. Alles hingegen, was Jesus uns sagen wollte, war das genaue Gegenteil dieser unserer »normalen« Lebenseinstellung. Er mochte, daß wir damit aufhören könnten, immer größer sein zu müssen als wir sind; er wollte, daß es sich wie begütigend vom Himmel her über uns legte und wir Geltung finden dürften in unserer Hilfsbedürftigkeit, Schwäche und Ohnmacht.

Eben weil Jesus uns lehren wollte, die *Kinder zu* werden, die wir niemals sein durften, schildert das Matthäusevangelium sein ganzes Wesen im Bild eines *Kindgottes*. All die Mythen der Völker von der Geburt eines göttlichen Kindes beschreiben nicht den Anfang der Biographie eines Gottes, sie schildern die Offenbarung des Göttlichen in der Gestalt eines Kindes. Der Gott, der möchte, daß wir leben – das war der Gott, in dessen Schutz uns Jesus bergen wollte. In seiner Nähe sollte Gestalt gewinnen, was wir selber nie zu leben wagen würden. Wie seine Töchter und wie Söhne sollten wir uns fühlen, und all die märchenhaften Träume unserer Sehnsucht sollten in Erfüllung gehen.

Ist es da ein Wunder, daß diese Geschichte von der Menschwerdung Gottes von Anfang an auch Angst auslöst? Es wird dem »rechtlich« denkenden Mann der Maria schier unheimlich, was sich da entfaltet –, außerhalb all dessen, was sich planen, machen, kontrollieren, rechtfertigen oder in die Gleise des Gewöhnlichen zurechtrücken läßt. Alles, was von Gott ist, gewinnt »jungfräulich« in uns Gestalt als Erfüllung uralter und doch nie ganz geglaubter Verheißungen. Wir wissen nicht, woher es kommt, und doch tritt etwas in uns in Erscheinung, das wie seit Urzeittagen in uns angelegt war; wir können nicht sagen, worum es sich da wirklich handelt noch was daraus wird, und doch spüren wir deutlich, daß wir es akzeptieren und damit leben müssen, weil dieses unableitbar Neue unser wahres Leben ist; wir fürchten uns zutiefst vor dieser unheimlichen Veränderung unseres Wesens, und wir möchten sie am liebsten von uns weisen und verleugnen, und dennoch ist es unser *»Engel«,* unser Wesensbild selbst, das uns versichert, was sich da zum Leben melde, sei im Grunde unser Heil und Segen. Nicht etwas zu machen lehrt uns das Bild des Kindgottes Jesus, sondern in uns wachsen zu lassen, was die Wesensgestalt unseres »Engels« uns zeigt. Es ist eine milde, besänftigende, sehr ruhige und menschliche Botschaft, die von diesen Bildern der Weihnacht ausgeht.

All die Bilder, die wir vor uns schweben haben und die in der Weihnachtserzählung des Matthäusevangeliums anklingen, stimmen in diesem Sinne aufs Wort. Was Jesus uns lehren wollte, ist grade dies: Wir sollten mit Dankbarkeit die festliche Freude der Gnade unseres Daseins entdecken und sie leben – so intensiv wie nur möglich, so ekstatisch in den Momenten, die uns vergönnt sind, mit solcher Leidenschaft, daß alle Energie sich in dieser Freude verbraucht. Natürlich, daß fast alles gegen ein solches Fest der Freude steht und daß wir zunächst geneigt sind, es von uns zu weisen, wie Joseph die Frau seiner Liebe, sobald sie der Geist Gottes überschattete. Fast immer hat man uns gelehrt, daß wir uns geradezu fürchten müßten vor der Freude. Selbst die Kinder vor Weihnachten erziehen wir dahin, daß sie *lieb* sind oder wenigstens sein sollen: »Das Christkind kommt, wenn du artig bist!« Gott sei Dank hat der Advent 24 Tage, und das Liebsein fast über drei Wochen hin ist ein so wunderbares Erziehungsmittel! Es macht die Kinder fast so flott wie einen Hund hinter einem elektrischen Hasen. Und dann wird das Eigentliche kommen, genau termingerecht und pünktlich. Je verzweifelter Kinder sind, desto mehr werden sie den Erwachsenen den Gefallen tun und sind tatsächlich immer ganz lieb, bis daß sie merken, daß es sich bei der Sache mit dem Christkind wohl nur um einen Trick handelt; dann bricht ihre kleine Welt zusammen. Zwar werden sie auch als

Erwachsene vermutlich immer noch artig und lieb sein, aber im Untergrund sind sie oft traurig und bitter. Man kann nur sagen: So hat Gott das nicht gewollt, als er als *Kindgott* sich uns offenbarte, so sollten wir als Menschen miteinander nicht umgehen. Aber am schlimmsten: Sehr viele lernen schon als Kinder mitten in den Vorweihnachtstagen, daß, sobald sie glücklich sind oder den Anschein zu machen drohen, sie könnten es werden, sie ihren Eltern oder Mitmenschen fast gleichgültig werden. Kaum geht es ihnen ein bißchen gut, ergeht der Ruf: Nun sorge für dich selber! Nun geh draußen spielen! Nun mach, was du möchtest! Und es bestraft sich das Glücklichsein solcher Kinder mit dem Uninteressantwerden, mit dem Herausfallen aus der Fürsorge ihrer Eltern. Schon aufgrund solcher Erfahrungen gibt es viele, die auch im späteren Leben immer noch die größte Angst haben, andere könnten merken, daß es ihnen relativ gut geht, und sie haben gelernt, daß dieselben Menschen erst wieder vor der Tür stehen, sobald es ihnen schlecht geht. Wenn ein Kind krank ist, wenn es hohes Fieber hat, dann kommen die Eltern, dann tun sie alles mögliche, dann setzen sie warme Milch mit Honig auf, massieren die Füße, legen Wickel um den Hals, und in all solcher Fürsorge spürt ein krankes Kind doch immerhin, was es am meisten braucht, um als Mensch zu leben: ein bißchen von der Liebe und der Zuwendung der Menschen, die es wirklich nötig hat. Dieses bißchen Liebe trägt, und sie braucht jeder Mensch. Wenn man aber Liebe und Zuwendung nur erhält um den Preis von Unglück und Krankheit, ist es am Ende womöglich ein großer Vorteil, nur noch unglücklich und krank zu sein.

Schaut man genau hin, so ist die Frömmigkeit des Christentums gerade mit Bezug zu Weihnachten wie gemacht und berechnet auf diesen Typus der *Krankheitsliebe* als Grundeinstellung zum Leben. Die ganze Welt, zufolge dieser Haltung, ist auszuspähen nach Notleidenden, nach Armen, nach solchen, denen wir hilfreich gegenübertreten können und denen wir etwas zu schenken vermögen. Das eigene Glück aber gilt in dieser Betrachtung als das Egoistische, und nur das, was wir dem anderen schenken, macht uns wohlgefällig vor Gott. So zieht ein unsichtbarer Krampf sich durch alle Gefühle und hindert uns, selber zu leben. Dabei wäre alles ganz einfach. Statt der Angst vor dem Glück könnten wir den Mut gewinnen, zu tun, was

Jesus uns allen Ernstes lehrte: das ganze Leben zu betrachten wie ein nicht endendes Fest der Vermenschlichung, denn das ist der Sinn des Symbols von der *Menschwerdung Gottes!* Man muß nur hören, was Jesus einmal sagte, als die Finsterlinge aus Jerusalem kamen, die Hohenpriester und die Pharisäer, und ihn fragten: Warum fastest du nicht und deine Jünger auch nicht? (Mt 3,18–20; Mt 9,14–15.) Er sagte ganz einfach: Solange der Bräutigam unter euch ist, können doch die Jünger nicht fasten. Er hatte übrigens auch an anderer Stelle schon etwas dagegen, immer herumzulaufen, hohlwangig und so, daß man von weitem schon sieht, wieviel die Frömmigkeit uns kostet, wieviel Askese, Zwang und Selbsteinschüchterung wir brauchen, um richtig gute Menschen zu werden (Mt 6,16–18). Er wollte, daß wir in gewissem Sinn uns sattessen, Wein trinken und miteinander glücklich sind; wenn wir nur lernen, miteinander menschlich umzugehen, unverkrampft und ohne Strapaze – es wäre soviel wert! Wirklich, da könnte das Leben sein wie eine heilige Hochzeit – wie ein Vertrautwerden und Familiärsein mit sich selbst und miteinander. Was aber dazu gehören würde, ist einzig die Kunst der Einfachheit, und sie scheint das wirklich Schwierige. Denn wann lernen wir die Gnade, die darin besteht, sein zu dürfen?

Als *Kinder* manchmal, beim Spielen zum Beispiel. Wenn ein Kind spielt, so erhält jedes Ding einen eigenen Wert. Ein beliebiges Stückchen Holz verwandelt sich im Spiel eines Kindes in einen magischen Gegenstand und kann, belebt durch seine Phantasie, alles mögliche bedeuten: ein Pferdchen vor einem Kohlenwagen oder einen Zug, der fauchend über die Gleise fährt, oder einen riesigen Turm, in dem eine Prinzessin sich versteckt hält. Dasselbe Stück Holz verwandelt sich, je nach dem Zusammenhang, in etwas ganz Verschiedenes, und es überzieht sich mit einer Freude, die sich im spielerischen Tun wie von selbst erfüllt. Ein Kind kann einfach dasein, versonnen und versunken in sich selbst.

Und manchmal können das auch *die alten Leute.* Weihnachten, sagt man, ist ein Tag, wo sogar der Ochse und der Esel an der Krippe standen. In der Tat: Es ist ein Tag, zu merken, was für ein kreatürliches Geschenk das Leben ist, das wir selber sind und das wir mit allem ringsum teilen. Manche alten Leute scheinen in den Augen der vernünftigen, der erwachsenen Leute bloß ihre Zeit zu vertun; sie sind in Pension, sie leisten überhaupt nichts Wichtiges mehr, sie schalten aus der Konkurrenz der vermeintlich wirklich Lebenden und wirksam Tüchtigen endgültig aus, und für manchen ist dies sogar ein beruhigender Gedanke. Statt dessen aber sitzt eine alte Frau nur ganz einfach da mit einem Vogel im Käfig und redet mit ihm scheinbar dummes Zeug, oder sie streichelt von früh bis spät ihre Hauskatze, oder sie betrachtet, wie die Fische im Aquarium schwimmen. Aber was so eine alte Frau oder ein alter Mann auf diese Weise dabei sind zu lernen, ist etwas überaus Kostbares: Alles, was lebt, atmet etwas von Gott, und es ist in seiner unvergleichlichen, rätselhaften Schönheit von unübertrefflichem Wert. Man kann ihm gegenüber nicht zärtlich und aufmerksam genug sein. Und in jedem Augenblick lernt man etwas von der Art der Tiere zu leben. Man muß nur betrachten, wie ein Vogel sein Gefieder putzt, wie ein kleines Fischchen im Aquarium seinen Platz verteidigt gegen einen viel größeren Eindringling, oder: wie die Katze voller Majestät sich nicht korrumpieren läßt, nicht mal durch die Zärtlichkeit ihrer Herrin, sie bleibt eine Königin, sie trägt ihren Schwanz aufrecht, wenn's ihr gutgeht, sie schnurrt, wenn sie aus der Kälte kommt, sie ist ganz zu Hause und trotzdem nie eingesperrt … Was alles kann man lernen von der Lebensart einzelner Haustiere!

Und wie erst, wenn man die Augen noch einmal aufschlägt und sich umschaut und die Menschen betrachtet! Das ist es doch, was wir in Wirklichkeit in den Weihnachtstagen sagen möchten, wenn wir einander *Geschenke* machen: Wir möchten eigentlich einer den andern umarmen und ihm sagen: Du bist für mich ein solcher Reichtum, du bist für mich ein solches Glück! Nicht daß ich dir etwas schenke – das ist das Unwesentliche, aber daß es dich gibt, das ist ein wunderbares Geschenk, das zumindest jetzt ein Echo in mir auslöst; ich möchte dir einfach nur mal sagen, was an sich immer gilt: Du bist ein wirkliches Geschenk für mich. – Alle Strapaze wäre dahin, wenn wir's so sähen. Sogar das Häuslich- und Familiärwerden im Kreis der engsten Angehörigen könnte gelingen, wenn wir nicht zuviel von uns verlangten. Wir würden äußerlich vielleicht recht wenig »machen«, es genügte vielleicht, ein bißchen Tee zu kochen und ein wenig Gebäck auf den Tisch zu bringen – es muß durchaus keine Weihnachtsgans sein. Es genügte auch, sich ruhig der Wahrheit zu stellen, daß man sich nach rund einem Jahr der Trennung überhaupt nicht wirklich kennt. Man muß also auch nicht so tun, als hätte man seinen Bruder, Vetter oder Schwager mitsamt seiner Familiengeschichte immer präsent; es wäre durchaus möglich und erlaubt, ein bißchen neugierig auf ihn zu sein und ihn zu fragen, wer er ist und wie er sich verändert hat. Ja, die ganz Mutigen könnten sogar die alten Geschichten einmal ausgraben, weswegen man sich bisher wirklich allerhöchstens alle Jahre wieder einmal gesehen hat. Wie war das zum Beispiel bei dem letzten Erbschaftskrieg, der die Familie zerriß? Wie war das damals, als die Mutter allein stand und man nicht wußte, sollte sie im Altenheim sterben oder beim ältesten Sohn oder beim zweitältesten, und was war später beim Streit um die Beerdigungskosten – alles Streitpunkte, über welche wir unter Umständen Generationen lang nicht hinwegkommen können. Aber dann Weihnachten, das Fest des Friedens! Es beginnt mitunter erst dann, wenn wir die alten Konflikte, im Vertrauen, daß es mal geht, beim Namen nennen. Wieso auch sonst nennen wir Gott *das Wort,* das zu uns kam? (Joh 1,1 f.)

Wir könnten mit dem Blick auf den *Kindgott* von Betlehem vor allem lernen, wieviel an *Armut* im anderen liegt, und das bedeutete jetzt einmal nicht die alte Rührseligkeit und das mildtätige Herabbeugen zu den Schwachen, es bedeutete einfach, daß auch wir selber nicht länger *mehr* sein müssen, als wir wirklich sind, und daß wir voreinander hintreten dürfen und nicht mehr Angst voreinander zu haben brauchen – der andere hat genau so seine Probleme wie wir selber. Allein in diese Räume der Menschlichkeit hinein breitet Gott sich aus. Das ist die ganze Art seiner Menschwerdung.

Dann aber stimmt es: Weihnachten ist ein Fest gleich einer heiligen Hochzeit, gleich der Gegenwart eines Bräutigams, und all die alten Erzählungen von der jungfräulichen Geburt eines Gottessohnes legen das nahe. Da verschmelzen miteinander der Himmel und die Erde, das Meer und das Festland, der Wind und die Blumen, die Schneekühle und der beginnende Frühling, die Nacht und der Tag, und aus all diesen Gegensätzen, aus der Spannkraft ihrer Kontraste, formt sich in der Schönheit des Lebens ein neuer Beginn, ein wirklicher Anfang. Weihnachten ist der Versuch, diese unsere scheinbar kalte, kleine, graue Welt zu sehen mit den Konturen eines Rembrandtschen Gemäldes, auf eine gewissermaßen poetische Weise. Und dann beginnt sich unser kleines Leben zu verklären. Dann wird aus einer einfachen Bürgersfamilie eine heilige Familie, aus einem einfachen Menschenpaar zwei Wesen, in deren Gegenwart es ist, wie wenn Engel auf die Welt kämen, dann wird aus jedem Kind, das dieses Licht der Welt erblickt, eine große Verheißung an die Welt, und aus einem schlafenden Mann wird ein Bild der Gnade des Göttlichen. Dieses unser kurzlebiges irdisches Leben ist umtaut und umflort von der Schönheit und dem Glanz des Göttlichen. Fragt man aber, woher gewinnen wir denn die Kraft, die Welt so zu betrachten: in der Freude und in dem Glück einer schwebenden Poesie, so gibt es dafür nur eine einzige Antwort: Alles, was man wirklich liebt, beginnt sich zu verklären. In all dem, was man in sich einläßt, beginnt eine wirkliche Erscheinung des Göttlichen. Und alles, woran unser Herz sich hängt, öffnet ein Stück weit den Himmel. Das aber ist Weihnachten: Man schlägt die Augen auf und sieht alles noch einmal von vorn, mit den Augen des Göttlichen, in der Verklärung der Liebe, und alles erscheint wie ein Stück Himmel auf Erden. Gott tut nichts, er ist. Wir aber, wenn wir wirklich *sind,* sind ihm ganz nahe.

Die Welt wird erlöst im Namen von Kindern

Dies ist die ganze Überzeugung der Weihnachtstage: Die Welt wird erlöst im Namen von Kindern. Man braucht die Haltung eines Kindes nicht zu idealisieren, um ihm zwei Eigenschaften, mächtig genug, die Welt zu verwandeln, zuzutrauen. Das eine ist ein grenzenloses Vertrauen, das andere die Fähigkeit, seine unmittelbaren Gefühle jederzeit für maßgebend und richtig zu halten.

Wenn Menschen selbst als Erwachsene diese Haltung von Kindern zu retten vermöchten, müßten wir sie Christen nennen. Kinder haben nicht die Art von Konsequenz, die wir den Glauben nennen, durch dick und dünn eine bestimmte Überzeugung zu befestigen. Kinder sind noch leicht zu verwirren durch Angst und Druck von außen. Wenn wir's vermöchten, als Erwachsene unser Vertrauen und die Überzeugung von der Richtigkeit unserer unmittelbaren Gefühle gegen alle Angst in Gott festzuhalten, so ereignete sich das Wunder, das auf dieser Erde Erlösung prägt: Menschen, die in Gott als ihrem Vater so getragen, so geborgen sind, daß die ganze Welt rings um sie her die unverstellte Güte zurückzugewinnen vermag.

In gewissem Sinn ist das Kind von Betlehem nie erwachsen geworden. Es ist ein wunderbares Kind geblieben, und es hat sich von Anfang an geweigert, bestimmte Dinge zu lernen oder auch nur lernen zu wollen, die wir als Erwachsene für absolut notwendig halten, vor allem, daß man die Menschen nach bestimmten Grenzziehungen einteilen müßte und daß man erst dann ein vernünftiger, richtiger Mensch würde, wenn man diese künstlichen Grenzen im Namen Gottes, der Gesellschaft, der Kirche für richtig und absolut notwendig halten würde.

Die Grenzziehungen der Moral zum Beispiel. Wenn man erwachsen wird im Sinn der bürgerlichen Ordnung, ist die Unterscheidung zwischen guten Menschen und schlechten Menschen außerordentlich wichtig. – Jesus hat sich geweigert, sie zu befolgen. Er gehorchte der Unmittelbarkeit seines Mitleids, dem unmittelbaren Drang des Verstehens, und es gab für ihn die Grenze zwischen Gut und Böse unter Menschen gar nicht. Wie ein großes Kind sprach er, daß Gott, sein Vater, jeden Tag die Sonne aufgehen lasse über Gute und Böse und regnen lasse über Gerechte und Ungerechte. Ihm kam's nicht peinlich vor, inmitten der guten Gesellschaft sich vor aller Leute Augen von einer Ausgestoßenen, einer Dirne, umarmen zu lassen. Ihm machte es gar nichts aus, bei einem anderen Ausgestoßenen, einem Zöllner, zu übernachten. Er war so unverfälscht ein Kind, daß er dem Mann Zachäus wünschte, auch er möge sich fühlen dürfen als ein Kind Abrahams. Soll man das Mut nennen oder Tollheit? Jesus hat darüber, glaube ich, überhaupt nicht nachgedacht. Er hat gemeint, es solle niemals die rechte Hand wissen, was die linke tut, so selbstverständlich sei das Gute im umfassenden, menschlichen, nicht moralisch abgezweckten Sinn.

Es gibt die Grenzziehungen der Familien, der Blutsverwandtschaft, der ehernen Treue zueinander, der Regelungen der familiären Moral. – Jesus waren sie völlig gleichgültig. Wer den Willen meines Vaters tut, sprach er, der ist mir Schwester, Bruder, Nächster. Was

Menschen verbindet, ist die Liebe des Herzens und der Gleichklang der Überzeugungen. Alle anderen Bande zählen gar nicht, sowenig wie für ein Kind. Nicht, welche Frau jemanden zur Welt bringt, zählt für ein Kind wesentlich, aber wer zu ihm gut ist, dies gilt absolut. Wo man sich geborgen fühlt, ist einzig wichtig. Und dies entscheidet sich immer neu. Es wird nicht geregelt durch irgendeine Urkunde.

Es gibt die Grenzziehungen der nationalen und der sozialen Ordnung; es gibt die höheren Kreise und die niederen Kreise. Wie man sich in dem einen Stand benimmt und kleidet, ist sehr abweichend von dem, wie man's eine Etage darunter tut. – Jesus war ein so wunderbares Kind, daß er über diese Unterschiede nur lachen konnte. Nicht, wie weit man sich die Hände vor dem Essen wäscht, macht einen Menschen Zum Menschen, nicht, was man in den Mund steckt, macht den Menschen unrein, sondern was aus seinem Herzen kommt, so sprach er. Wie ein Mensch denkt und fühlt, dies fügt zusammen, dies entscheidet über Menschlichkeit, aber nicht die Regeln der Etikette, der Äußerlichkeit und die Albernheit der sogenannten Gutanständigen, die Eitelkeit derer, die stets auf den Zehenspitzen gehen müssen.

Politische und nationale Grenzen – sie waren Jesus so gleichgültig, daß er einen Volksfeind wie den römischen Hauptmann den einzigen nannte, der zu einem Glauben, wie Jesus ihn wünschte, hingefunden habe, anders als sonst in ganz Israel. Dieser Hauptmann sorgte sich um seinen Knecht, der mit Fieber krank darniederlag.

Die Welt wird erlöst im Namen solcher Kinder. Sie lieben umfassend. Sie lassen sich durch nichts zurücktreiben in ihrer Barmherzigkeit, in ihrem Willen zu verstehen, und sie weigern sich, die Logik unseres Erwachsenenlebens zu begreifen. Vieles gibt es im Namen dieser Kinder zu erwähnen, was so vielleicht gar nicht in der Bibel steht und dennoch in ihr leben müßte, in ihr angesiedelt ist, z. B. wie wir mit der Natur ringsum verfahren. Ein Kind kann entsetzt sein, wenn man ein Tier quält oder tötet, es wird nie begreifen, wieso es vernünftig und richtig ist oder aus wirtschaftlichen Gesichtspunkten unerläßlich scheinen mag. Es wird rebellieren gegen die Ordnung von Gewinn und Politik, von Geschäft und Vernunft. Ein solches Kind wird, wenn es nachdenkt, auch niemals verstehen, wieso wir ein Recht haben, glücklich zu sein, wenn auf dieser Welt

Millionen Menschen unseres Glücks wegen keine Chance haben, auch nur fünf Jahre alt zu werden – Millionen, fünfzehn Millionen in jedem Jahr –, wieso das richtig, vernünftig, politisch und wirtschaftlich gerechtfertigt sein soll, und jeder sich einrichtet in seinem Egoismus.

Man muß nur so weiterfahren und wird sofort begreifen, warum das Kind von Betlehem, kaum daß es erwachsen ist, keinen Stein auf dem andern lassen wird, warum es sich sofort wandelt zu einem Zeichen, dem man widersprechen wird. Es stürzt die öffentliche Ordnung, es gibt sich nie zufrieden mit den Einrichtungen, die nur die Angst beruhigen sollen, mit der geordneten Lüge, dem geordneten Haß, dem in Gesetze gekleideten Widerspruch zur Menschlichkeit.

Es ist, wie wir manche große Wissenschaftler sehen, voller Neugier, dazuzulernen, die eigene Sensibilität ständig zu entfalten und sich niemals zu beruhigen, wenn es auf eine Grenze stößt. Ebendieser grenzenlosen Güte wegen wird man ein jedes erwachsen gewordene Kind, das nicht aufgehört hat, unverfälscht und ganz wie Gott es wollte, zu denken und zu fühlen – man wird es hassen und bekämpfen und nach Möglichkeit in seinem Einfluß ausschalten. Denn es stört. Es bringt die ehernen Ordnungen ins Wanken, und dieses Los wird uns Christen, wenn irgend wir ernsthaft leben, nie erspart bleiben können, nicht einmal dürfen.

Der schlimmste Widerspruch geht aus dabei von den großen Kindern, nicht den Kindern Gottes, sondern den Menschenkindern, denen die Menschenfurcht unendlich wichtiger ist als die Ehrfurcht vor Gott. Menschen, die man in gewissem Sinne ständig infantil gehalten hat durch Angst, sie widerstreben und widersprechen dem Kind von Betlehem am meisten, denn sie ertragen die Angst am wenigsten, sie müssen sich am heftigsten schützen und zur Wehr setzen. Und wie Stephanus und Christus zeigen, gibt es nur ein einziges Mittel, die großen Menschenkinder zu beruhigen: indem man beginnt zu lieben, was zu hassen sich unterfängt, zu beten für den, der Worte des Fluchs ausspricht, und gut zu sein zu dem, der verfolgt. Besteht unsere fluchbeladene Welt nicht allzumeist aus solchen großen Kindern, Menschen, die nie gewagt haben, selber zu denken, denn Denken macht angst; nie gewagt haben, für ein eigenes Gefühl geradezustehen, – man muß sich umschauen, was die anderen davon halten –; die nie gelernt haben, ihr eigenes Herz ernst zu nehmen, weil die öffentliche Meinung stets viel wichtiger ist? Nicht, wie man selber lebt und es im Herzen spürt, zählt, sondern was irgendein Führer sagt, irgendeine Autorität behauptet; kein eigener Gedanke, keine neue Überlegung, endlos die Repetitionen dessen, was man mit fünf Jahren gelernt hat, und immer weiter so. Dieser Terror von großen Kindern ist der schrecklichste auf dieser Welt. Erwachsene, die sich hinstellen mit dem Anspruch der Allwissenheit und Dummheiten reden wie Zwölfjährige, aber mächtige Positionen bekleiden, überaus viel Angst verbreiten können, umhermarschieren mit Orden und Spangen und die Welt terrorisieren im Namen des Gegentyps des Kindes von Betlehem. Jeden Befehl werden sie befolgen, jede Dummheit ausführen, jede Infantilität für richtig halten. Wie erlöst man diese Welt der Menschenkinder im Namen des Kindes Gottes von Betlehem? Diese Frage stellt der zweite Weihnachtstag. Sie zu beantworten, trägt jeder in sich die Möglichkeit, der glaubt. Ihm hat Christus die Macht gegeben, selber ein Kind Gottes zu sein. Und wo irgend er die Grenzen verläßt ins Unendliche der Liebe Gottes, wird die Welt ein wenig wärmer, heller und vernünftiger.

Die Träume Gottes und die mörderische Wirklichkeit der menschlichen Geschichte

1 Nach der Ankunft Jesu in Betlehem in Judäa aber, in den Tagen
Herodes, des Königs – da: Sterndeuter vom (Sonnen)Aufgang fanden
sich ein in Jerusalem, 2 sprechend: Wo ist der neugeborene König der
Juden? Denn: Gesehen haben wir seinen Stern. 3 Aufhorchend da,
König Herodes, erschüttert ward er, und ganz Jerusalem mit ihm, 4 und
er versammelte alle: die Hohen Priester und Schriftgelehrten des Volkes
und suchte zu erfahren von ihnen, wo der Christus (Messias) geboren
werde. 5 Die aber sagten ihm: in Betlehem in Judäa; denn so steht es
geschrieben durch den Propheten:

6 Und du Betlehem, Land Juda,
keinesfalls die geringste bist du unter den Fürstenstädten Judas.

Denn aus dir wird hervorgehen ein Fürst,
der weiden wird mein Volk: Israel.
7 Darauf Herodes: insgeheim berief er die Sterndeuter, ließ genau von
ihnen den Zeitpunkt der Sternerscheinung bestimmen 8 und schickte sie
nach Betlehem. Er sagte: Auf, erforschet genau (das) mit dem Kind;
doch sobald ihr gefunden, meldet ihr mir, damit auch ich hingehe, mich
niederzuwerfen vor ihm. 9 Sie hörten auf den König, sie machten sich
auf, und da: der Stern, den sie gesehen im Aufgang – voraus zog er
ihnen, bis er hinkam und stillstand hoch drüber, wo das Kind war. 10 Als
sie ihn so sahen, den Stern, freuten sie sich – eine große Freude gar
sehr! 11 Und sie traten in das Haus und erschauten das Kind mit Maria,
seiner Mutter, und kniefällig warfen sie sich nieder vor ihm. Dann
öffneten sie ihre Schatztruhen und brachten ihm dar als Gaben: Gold
und Weihrauch und Myrrhe. 12 Doch Weisung ward ihnen im Traum,
nicht zurückzukehren zu Herodes. Auf einem anderen Wege entwichen
sie in ihr Land.

13 Nachdem sie aber entwichen waren, da – ein Engel des Herrn
erscheint im Traum dem Josef, sprechend: Wach auf, nimm das Kind
und seine Mutter und fliehe nach Ägypten, und bleibe dort, bis wann
ich es dir sagen werde. Denn Herodes ist willens, das Kind zu suchen,
um es zu vernichten. 14 Er aber machte sich auf, nahm das Kind und
seine Mutter des Nachts (noch) und entwich nach Ägypten. 15 Und dort
war er bis zum Ende des Herodes – damit sich verwirkliche, was vom
Herrn angesagt ist durch den Propheten, sprechend: Aus Ägypten habe
ich gerufen meinen Sohn.

16 Darauf Herodes, als er sah, daß er von den Sterndeutern aus-
gespielt worden, ergrimmte heftig, schickte aus und ließ hinmorden
die Kinder – die in Betlehem und in all seinen Grenzorten, vom Zwei-
jährigen an und darunter, entsprechend dem Zeitpunkt, den er genau
von den Sterndeutern hatte bestimmen lassen. 17 Da verwirklichte sich,
was angesagt ist durch Jeremia, den Propheten, sprechend:
18 Eine Stimme in Rama ward hörbar,
Weinen und Klagen viel.
Rahel beweinte ihre Kinder
und wollte keinerlei Zuspruch – weil sie dahin sind.
19 Als es aber zu Ende ward mit Herodes, da – ein Engel des Herrn
erscheint im Traum dem Josef in Ägypten, 20 sprechend: Wach auf,

nimm das Kind und seine Mutter und ziehe in das Land Israel. Denn tot
sind, die auf der Suche waren nach dem Leben des Kindes. 21 Er aber
machte sich auf, nahm das Kind und seine Mutter und kam hinein in
das Land Israel. 22 Als er aber hörte, daß Archelaus König von Judäa sei
anstelle seines Vaters Herodes, fürchtete er sich, dorthin zu gehen. Weisung aber im Traum ward ihm –, er wich aus in die Gegend von Galiläa,
23 und er kam und ward wohnhaft in einer Stadt, Nazaret genannt –
auf daß sich verwirklichte, was angesagt ist durch die Propheten:
Nazoräer (Sprößling) wird er gerufen.

Mt 2, 1–23

Wer noch irgendwelche Zweifel an der wirklichen Natur der Weihnachtsgeschichten des Matthäusevangeliums hat, der wird sie an dieser Stelle verlieren. Es sind Texte, deren Wahrheit nicht zu suchen ist auf der Ebene der historischen Wirklichkeit, in der Welt der Fakten, die uns vertraut sind; wir haben es vielmehr zu tun mit der Sprache der Legende und des Mythos. Die erste Frage aller Weihnachtserzählungen des Matthäusevangeliums lautet daher: Welch eine Art von Wahrheit wohnt in diesen Geschichten? Soll es wirklich wahr sein, daß man den wahren König Israels nur finden kann, indem man unbeirrt des Nachts, wie hypnotisch gezogen, einem Stern folgt und damit eine heilige, magisch verzauberte Kunde erfüllt? Soll uns das Göttliche stets nur erreichen in den Visionen der Nacht und wie entschwunden sein in der sogenannten Welt der »Tatsachen« am hellichten Tag? Offenbar, meint das Matthäusevangelium, verhält es sich so. Alles, was göttlich ist, wohnt in unserem Innern, und anderswo lebt es gar nicht. Gott wohnt in den Träumen unserer Seele, er atmet in den Worten unserer Zärtlichkeit, er nimmt Gestalt an in den Bildern der Maler und Dichter, und er singt sich aus in den Liedern des Glücks. Beistand unseres Lebens, nicht Gegenstand unseres Wissens, ist Gott. Das ist die Wahrheit der Weihnacht.

Lernen durfte dies in den Vorweihnachtstagen die achtjährige Virginia O'Hanlon aus New York. Sie wollte es genau wissen und schrieb an die Tageszeitung »Sun« einen Brief: »Ich bin acht Jahre alt. Einige von meinen Freunden sagen, es gibt keinen Weihnachtsmann. Papa sagt, was in der Sun steht, ist immer wahr. Bitte, sagen Sie mir: Gibt es einen Weihnachtsmann? Virginia O'Hanlon.« Die

Sache war dem Chefredakteur Francis Church so wichtig, daß er selber antwortete – auf der Titelseite der »Sun«: »Virginia, Deine kleinen Freunde haben nicht recht. Sie glauben nur, was sie sehen; sie glauben, daß es nichts geben kann, was sie mit ihrem kleinen Geist nicht erfassen können. Aller Menschengeist ist klein, ob er nun einem Erwachsenen oder einem Kind gehört. Im Weltall verliert er sich wie ein winziges Insekt. Solcher Ameisenverstand reicht nicht aus, die ganze Wahrheit zu erfassen und zu begreifen. Ja, Virginia, es gibt einen Weihnachtsmann. Es gibt ihn so gewiß wie die Liebe und Großherzigkeit und Treue. Weil es all das gibt, kann unser Leben schön und heiter sein. Wie dunkel wäre die Welt, wenn es keinen Weihnachtsmann gäbe! Es gäbe dann auch keine Virginia, keinen Glauben, keine Poesie – gar nichts, was das Leben erst erträglich machte. Ein Flackerrest an sichtbarem Schönem bliebe übrig. Aber das Licht der Kindheit, das die Welt ausstrahlt, müßte verlöschen. Es gibt einen Weihnachtsmann, sonst könntest Du auch den Märchen nicht glauben. Gewiß, Du könntest Deinen Papa bitten, er solle am Heiligen Abend Leute ausschicken, den Weihnachtsmann zu fangen. Und keiner von ihnen bekäme den Weihnachtsmann zu Gesicht – was würde das beweisen? Kein Mensch sieht ihn einfach so. Das beweist gar nichts. Die wichtigsten Dinge bleiben meistens unsichtbar. Die Elfen zum Beispiel, wenn sie auf Mondwiesen tanzen. Trotzdem gibt es sie. All die Wunder zu denken – geschweige denn sie zu sehen –, das vermag nicht der Klügste auf der Welt. Was Du auch siehst, Du siehst nie alles. Du kannst ein Kaleidoskop aufbrechen und nach den schönen Farbfiguren suchen. Du wirst einige bunte Scherben finden, nichts weiter. Warum? Weil es einen Schleier gibt, der die wahre Welt verhüllt, einen Schleier, den nicht einmal alle Gewalt auf der Welt zerreißen kann. Nur Glaube und Poesie und Liebe können ihn lüften. Dann werden die Schönheit und die Herrlichkeit dahinter auf einmal zu erkennen sein. ›Ist das denn auch wahr?‹, kannst Du fragen. Virginia, nichts auf der ganzen Welt ist wahrer und nichts beständiger. Der Weihnachtsmann lebt, und ewig wird er leben. Sogar in zehnmal zehntausend Jahren wird er dasein, um Kinder wie Dich und jedes offene Herz mit Freude zu erfüllen. Frohe Weihnacht, Virginia. Dein Francis Church.«

Dieser Briefwechsel zwischen Virginia O'Hanlon und Francis P.

Church stammt aus dem Jahre 1897 und wurde Jahr für Jahr bis zur Einstellung der »Sun« im Jahre 1950 auf der Titelseite abgedruckt. Was immer diese Zeitung auch sonst noch geschrieben haben mag, in diesem Leitartikel schrieb sie wirklich völlig *wahr:* Wir können die Wahrheit unseres Lebens nur sehen mit den Augen unserer Seele, und so ist die Botschaft der »Magier« aus dem Aufgang der Sonne als erstes ein Appell an unseren Mut, daß wir der Wahrheit unserer Träume und Gesichte Glauben schenken. Jedes wirklich religiöse Erlebnis beruht auf der Offenbarung einer großen Vision, und jeder fühlende Mensch, der Gläubige jeder Religion, »die Heiden« der Welt sind fähig, mitten in der Verlorenheit ihres Lebens einen Stern der Hoffnung zu sehen.

Wollt man zum Beispiel einem Moslem die Weihnachtsbotschaft des Christentums erklären, so sollte man ihm nicht als erstes erzählen von der »jungfräulichen Geburt« Jesu, die auch der Koran, doch eben nicht als Geburt eines Gottessohns, überliefert, man sollte ihn erinnern an die selige Nacht *Al Kadr,* als der Engel Gabriel aus dem siebenten Himmel herniederstieg und Mohammed die Suren des Korans offenbarte – jene Nacht der Macht und der Herrlichkeit, die »Friede und Heil bringt…, bis zum Erglühen der Morgenröte«. Es gilt, etwas wahrzunehmen und an etwas zu glauben, das über uns in der Dunkelheit leuchtet und uns den Weg zeigt; wenn wir ihm folgen, werden wir wie von selber das »Kind« finden, das in uns »jungfräulich« zur Welt kommt am Ort, da der »Stern« stillsteht.

Freilich wird es Stunden geben, da die bloße Sehnsucht nicht weiterweiß und in denen sie der Auskunft am Hofe des »Königs Herodes« bedarf, um hinüberzufinden ans Ziel ihres Suchens. Es ist nicht falsch, was die Schriftgelehrten und Tradenten der überkommenen Religion zu sagen haben, die Inhalte ihrer Erklärungen können durchaus hilfreich sein – *wenn* man sie verwendet, um etwas zu *finden;* ohne die Vision eines »Sternes« indessen bleiben all die Theologentraktate nichts weiter als totes, beschriebenes Papier, und all ihr »Wissen« schwebt abstrakt über einer Wirklichkeit, die sie nicht kennen – von keinem der Schriftgelehrten am Hof des Herodes werden wir hören, er habe sich mit den Magiern hinüberbegeben nach Betlehem. Doch auch umgekehrt: Ohne das Wissen der Heiligen Schriften mit ihren verborgenen Offenbarungen und verhüllten

Enthüllungen verlöre unser Suchen sehr bald seine Richtung; es wäre geneigt, das Große und Rettende dort zu suchen, wo es nach allgemeiner Auskunft auch wohnt: in den Palästen der Mächtigen, in den Kanzleien der Regierenden, an den Höfen der Hoffärtigen. Es kann unter Umständen ein weiter Weg sein, den die Heiligen Schriften der Juden in Wirklichkeit weisen – vorbei an den prächtigen Prunkbauten der allmächtig scheinenden Potentaten hinüber in das vermeintlich Unscheinbare und Ohnmächtige – in das Betlehem der Stille, darüber der »Stern« innehält. Menschliche Vision und göttliche Verheißung begegnen sich hier und ermöglichen sich wechselseitig, so daß man wirklich einen Moment lang glauben mag, die Welt fände an dieser Stelle zu ihrer Einheit und wüchse auf zu jener »Nacht des Schicksals«, die »Frieden und Heil bringt bis zum Erglühen der Morgenröte«.

In der Tat schenken die »Magier« aus dem Osten, diese Repräsentanten aller gottsuchenden Menschen, dem Kind in der Davidsstadt Betlehem mit den Gaben von Gold, Weihrauch und Myrrhe, symbolisch gesehen, all das, was wir Menschen *wesentlich* sind, wenn wir nur uns selbst zu sehen beginnen, wie dieses »Kind« von Betlehem es uns lehren wird. Es wird das Zentrum der Botschaft Jesu bilden, einen Menschen selbst unter den Hüllen von Staub und Erbärmlichkeit zu entdecken als ein Stück lauteren *Golds,* indem man selbst in den Formen des Irrtums noch Augen behält für das Verlangen nach Reifung: in der Lüge die Angst vor der Wahrheit, in den Äußerungen von scheinbar grobem Sadismus die Spuren verletzter Sensibilität und unter der Maske der Starrheit die ständige Sorge, sich selbst zu entgleiten. Nie wird es Jesus uns erlauben, einen Menschen wie etwas Achtloses wegzuwerfen, sondern wer begreift, was der Mann aus Nazaret uns zu sagen hat, der wird sich auf die Suche machen nach den Spuren von Sternenstaub und Gold im Herzen jedes Menschen. Darum ist Gold als erstes das Zeichen unserer Dankbarkeit an dieses ewige Kind, das Jesus war und blieb in allem, was er sagte und tat. – Und dann die Gabe des *Weihrauchs.* Jeder, der in die Welt des Jesus von Nazaret eintritt, wird die Energie und die Glut spüren, die von diesem Mann ausgeht. »Wer mir nahe ist, der ist dem Feuer nahe«, sagt Jesus einmal in einem Wort, das außerhalb des Neuen Testamentes überliefert wird. Daß unser Herz verglüht im

Sturm einer leidenschaftlichen Liebe und sich erhebt wie ein Duft von Weihrauch beim Abendopfer, ungebunden von den Kräften der Schwere und frei entschwebend den erstickenden Kerkerwänden der Angst – eben dazu wollte Jesus uns befähigen, und das drückt sich aus in der Gabe des Weihrauchs. Und daß wir den Schmerz und das Leid, die uns wie eine unvermeidliche Mitgift des Lebens begleiten, zu tragen vermögen ohne Verzweiflung, getröstet in Gott, wenn es geht – das drückt sich aus im Geschenk der *Myrrhe.* Und in all diesen Gaben schenken wir dankbar zurück, was wir dem Kind von Betlehem verdanken, und in allem macht die Legende zur Gabe an das Kind Jesus, was uns sein kindliches Wesen selber ermöglicht.

In all diesen Szenen formt sich eine Gestalt von eigentümlicher Schönheit – ein Traum, der sich von innen erfüllt, eine Verheißung, die sich von selber bestätigt –, ein wirklich weihnachtlicher Friede durchweht die Erzählung von der Anbetung der »Heiden« an der Geburtsstätte des »Jesus«, des »Retters« aus Israel (Mt 1,25).

Und doch ist bereits hier schon in Wahrheit alles ganz anders. Jäh und brutal bricht über die Bilder der betenden Magier die Macht- und Mordgier des Königs Herodes herein, und es ist der Friede der Weihnacht selbst, der die »Ordnung« der Welt zum Gegenschlag provoziert. Eine ungeheuere Dramaturgie hebt hier an, die dauern wird bis zum Ende der Tage und die immer wieder zu schmerzlichen Entscheidungen nötigt.

Man stelle sich zur Verdeutlichung dieses Umbruchs nur einmal vor, der Leitartikel des Francis Church an die kleine Virginia im Jahre *1897* hätte nicht auf der rechten Seite des Titelblattes der »Sun« gestanden, sondern auf der linken Seite im Nachrichtenteil, und es wäre auch gar kein Leitartikel gewesen, sondern der Auszug der Rede eines Politikers, der öffentlich nachgedacht hätte über die Grundlagen unseres Zusammenlebens – dann ist sofort klar, daß etwas, das soeben noch ganz rührend und idyllisch wirken konnte, plötzlich den heftigsten Widerstand hervorrufen muß. Die Weihnachtsbotschaft vom Frieden auf Erden – schön und gut, solange sie nur in den Kammern des Wünschens und Meinens verbannt bleibt; aber Gott sei davor, daß wir sie wirklich ernst nehmen!

Ein Beispiel dafür, was hier auf dem Spiel steht:

Es gibt, sagen uns die Politiker, gegen Diktatoren kein anderes

Mittel als den Krieg; man erinnert uns an 1938 und an das Münchner Abkommen zwischen Chamberlain und Hitler. Doch über welch eine Macht verfügt eigentlich Adolf Hitler, uns selbst 60 Jahre nach seinen Greueltaten immer noch glauben zu machen, daß man »Hitler« nur besiegen könne durch Adolf Hitler und die eine Hölle nur durch eine andere Hölle, und es hätte die Bergpredigt nie gegeben? »Reagiert nicht auf das Böse« (Mt 5,39), sagt Jesus an entscheidender Stelle. Soll das keine Möglichkeit des politischen Handelns sein?

Die biblische Erzählung des Matthäusevangeliums berichtet, daß König Herodes sich sehr interessiert gezeigt habe, den Erklärungen der Sterndeuter und der am Hof bediensteten Schriftgelehrten nachzukommen. Gar nicht genau genug habe König Herodes die Umstände und die Fakten all der heiligen Ereignisse kennenlernen können, damit, wie er sagte, auch er hingehe, um den neugeborenen König Israels anzubeten. Doch er wird nur hinübergehen, um alles zu töten, was ihn bedroht; und die Gefahr ist sehr groß, daß wir selber nicht anders sind als Herodes.

Alle wirklichen Fragen an uns Menschen sind wie zeitlos, und schon *das* ist eine Wahrheit der Legenden. Es gibt ein Problem in unserem Leben, das scheinbar nicht aufhört, und das ist die alles entscheidende Frage, wie wirklich und wahr wir unsere Träume, unsere Hoffnungen, unsere stärksten Empfindungen nehmen. Solange es nur darum geht, einem »Stern« zu folgen, hüllt sich ein solches Symbol in ein Bild von Romantik und Schönheit. Aber gleich am Wege werden die Leute stehen, die sagen: Es ist *nur* Romantik und Schönheit, und eben darum gilt es nicht wirklich; die *wirkliche* Welt *ist* nicht romantisch und schön, sie ist vernünftig – und also auch grausam, wenn nötig. Immer wieder vermeintlich müssen wir Schlimmes tun, um noch Schlimmeres zu verhindern. Wie sagte doch Adolf Hitler: »Ich will nicht begreifen, warum wir Menschen weniger grausam sein sollten als die Natur.« Also, wie fügt sich in diese Menschenwelt die Botschaft von Frieden und Güte und Menschlichkeit? Vielleicht möchten wir wohl daran glauben, wie aber überwinden wir die Widerstände?

Es ist offensichtlich, daß diese Geschichte am Hofe des Königs Herodes sich immer von neuem wiederholt, bis in unsere Tage hinein. Da sitzt auf dem Thron der Macht ein Herrscher, der sich augenblicklich bedroht fühlen muß, wenn es da wirklich ein Königtum des Herzens geben sollte, irgendwo anders, außerhalb seiner Kontrolle, und er wird die Religion selbst zu sich einladen, daß sie ihm erkläre, was sie zu sagen hat, nur um sie zu vernichten. Dieser ewige Mißbrauch der heiligsten Gefühle von Menschen für die absurden Ziele der Machthaber leuchtet uns sofort ein, wenn wir daran denken, wie auch Saddam Hussein die arabischen Massen für einen »heiligen Krieg« zu mobilisieren suchte. Aber allem Anschein nach sind wir wie blind für die Verfälschungen des Religiösen, die wir selber begehen. Wenige Kapitel nach der Geburtserzählung zum Beispiel wird der Jesus des Matthäusevangeliums erklären: »Niemand kann zweier Herren Diener sein: denn entweder wird er den einen hassen und den anderen lieben, oder er wird an dem einen hängen und den anderen mißachten. Ihr könnt nicht Gottes und des Mammons Knechte sein« (Mt 6,24). Da steht es auf Entweder-Oder. Folgen wir indessen dem Nachrichtenteil unserer Zeitungen, dann ist es uns ganz klar, daß wir Gott *und* dem Geld in eins dienen müssen und daß Idealismus und Geschäft sich auf das beste paaren. Im Geleitzug der westlichen Führungsmacht USA nehmen westliche Regierungen den Krieg in Kauf und tun das für »erhabene« Ziele; ihren Worten nach geht es um Recht, Gerechtigkeit und Menschlichkeit, es geht ihnen um die Wahrung der Weltordnung – *das* ist das Göttliche, das Ideale, und es fügt sich wirklich ganz ideal, daß wir bei all diesen Worten gleichzeitig genau wissen: Es geht natürlich um Geld, um sehr viel Geld, es geht um Erdöl und Macht, es geht um die Verteilung des Rests der Welt nach dem Zusammenbruch des sowjetischen Imperiums. Und Gott, Geld und Macht – alles zusammen, ist eigentlich das, was wir nennen den »American way of life«: Da gibt es keine Skrupel; je mehr Geld und je mehr Reichtum, desto größer der Segen Gottes – das ist gut calvinisch und also wohl auch politisch sehr vernünftig; da ist wirklich ein heiliger Kreuzzug sowohl für Gott wie für die eigenen Interessen angezeigt. Und jetzt: Wer diese Synthese schafft, der ist in der Tat ein vernünftiger und zugleich ein frommer Mensch, soll man glauben.

Leider Gottes oder Gott sei Dank gibt es gewisse Kriterien, um Lüge und Wahrheit voneinander zu unterscheiden. Ginge es wirklich um die Durchsetzung von Recht und Ordnung im Nahen Osten, dann hätten dazu in den letzten Jahrzehnten wunderbare Gelegenheiten bestanden. Die Palästinenser sind dafür ein Beispiel. Aber auch die Kurden; sie haben uns im Westen nie interessiert; die Auslöschung der Armenier durch die Türken um 1920, ein Verbrechen ebenso schlimm wie die Ausrottung der Juden durch die Nazis im »Dritten Reich«, ist bis heute kein Gegenstand westlicher Politik. Einzig wenn unsere eigenen Geldinteressen und Machtbedürfnisse auf dem Spiel stehen, sind wir augenblicklich mutig und klar – und fromm. Da bieten wir sogar die besten Begriffe, die heiligsten Worte, die feinsinnigsten Überlieferungen des Christentums auf und lassen uns wie in den Tagen des Königs Herodes genau erklären, wie wir die Lehren der Religion zur Rechtfertigung des Tötens gebrauchen können. Es ist eine bittere Welt, in der wir leben.

Am schlimmsten aber ist, daß wir im Raum des Göttlichen so wenig Mut haben zum Widerstand. Am Heiligen Abend haben die Bischöfe uns aufgefordert, für den Frieden zu beten, und es können bei den so gefalteten Händen die Mächtigen sich eigentlich nur ins Fäustchen lachen; es ist ein ohnmächtiges Reden von Gott, das genau dieselbe Wirkung hat wie am Hofe des Herodes die Worte der Schrifterklärer, wenn sie dem König erläutern, was in den Schriften geschrieben steht. Alle Worte sind richtig, aber sie sollen überhaupt nichts bewirken. Sie sind lediglich das Alibi, daß wir hinterher sagen können: Wir waren ja immer schon dagegen, es ist bedauerlich, was geschieht, es tut uns wirklich leid. Jetzt aber bleiben uns noch ganze vierzehn Tage, daß es uns leid tut!

Freilich, es stimmt: Was auch immer wir hier reden, interessiert draußen bei den Entscheidungsträgern wohl niemanden. Aber warum korrumpiert immer wieder die Macht das Denken und Fühlen, warum können nur die Ohnmächtigen zu einem bißchen Menschlichkeit fähig sein, und sobald sie Verantwortung haben, geht das alles nicht mehr in dieser Welt? Dann funktionieren ihre Köpfe anders! Nichts von dem, was sie gelernt haben, gilt dann mehr, es wird verformt zur Lüge, die da lautet: »Meldet es mir, damit auch ich hingehe, um anzubeten.« Man wird jedes gerade göttliche Wort erwürgen beim Händefalten, und es wird am Ende nur den Sinn haben, das beabsichtigte Töten zu rechtfertigen.

In der Bergpredigt des Matthäusevangeliums etwa wendet sich Jesus ausdrücklich gegen das Prinzip des »Aug um Auge, Zahn um Zahn« (Mt 5,38). Wir aber, selbst am Ende des zwanzigsten Jahrhunderts, bekommen es immer noch fertig, uns auf Gott zu berufen, um uns in die Theorien eines gerechten oder »gerechtfertigten« Krieges zu versteigen; wir reißen im Namen Gottes den Zusammenhang unter den Menschen auseinander und teilen sie ein in Gut und Böse, in Wächter des Rechtes und in Kriminelle, und am Ende dieser künstlichen und verlogenen Abspaltungen besitzen wir die Befugnis, mit Berufung auf Gott die Todesstrafe über Menschen zu verhängen und sie mit gutem Gewissen und mit vermeintlich reinen Händen exekutieren zu können. Schließlich geben wir uns sogar das Recht, *heilige Kriege* zu führen, als wären wir selber der Erzengel Michael im Kampf gegen den Satan; ja, wir merken nicht einmal mehr, wie sehr wir unseren eigenen Projektionen unterliegen, indem wir andere Menschen verteufeln, nur um sie desto seelenruhiger und selbstgerechter vernichten zu können, und wir wollen einfach nicht mehr bemerken, daß sich auf diese Weise unser Reden von Gott in die Ideologie eines Götzen verwandelt.

Es gibt so viele Wege, *»hinüberzugehen nach Betlehem«* und *»anzubeten«,* was man in Wirklichkeit lediglich töten möchte, um sich selbst an der Macht zu erhalten. Und keine Angst: Im Fall des Erfolges wird die gesamte Weltpresse in wenigen Wochen schon einmütig versichern, daß es anders auch wirklich nicht gegangen sei. Wir verleugnen zum Beispiel gerade jetzt die vielfachen Schuldzusammenhänge, durch die wir in die Tragödie des Nahen Ostens selber verwickelt sind: unsere Unfähigkeit, beziehungsweise unsere mangelnde Bereitschaft, trotz aller möglichen längst vorliegenden UNO-Resolutionen die Palästinenserfrage durch eine Internationale Nahostkonferenz für alle Seiten befriedigend zu lösen oder eine Abrüstungskonferenz für die gesamte Region durchzusetzen; statt dessen haben wir massiv am Waffenhandel verdient, wir hatten den Irak für den Stellvertreterkrieg gegen den Iran aufgerüstet, und wir haben jahrelang alles getan, um eine wirkliche Befriedung des Nahen Ostens zu verhindern. Menschen, die nichts weiter sind als heimatlose, verzweifelte Menschen, wie die 1,5 Millionen Palästinenser, gelten uns als nichts anderes denn als Terroristen, statt zu sehen, daß ihnen kaum eine andere Sprache bleibt, um sich Gehör zu verschaffen, als die Ersatzsprache der Gewalt. Wenn wir unter diesen Umständen von »Gott« sprechen, so meinen wir damit lediglich die Rechtfertigung unserer eigenen Rechthaberei und machtbesessenen Grausamkeit. Ja, wir sind schließlich derart überzeugt davon, im Recht zu sein, daß wir selbst die Tötung vieler Tausender unschuldiger Frauen und Kinder allen Ernstes für eine moralische Pflicht erklären, um der Welt ein »Signal« zu geben und dem Bösen in der Welt eine »Lektion« zu erteilen.

Je weiter ein solches Denken und Handeln fortschreitet, desto weiter polarisieren sich die Schwarz-Weiß-Zeichnungen unter den Menschen, und es werden die vermeintlich Guten und Siegreichen immer besser und unanfechtbarer und die vermeintlich Bösen und Unterlegenen immer schlechter und schuldiger dastehen. Niemals wird auf diese Weise der Kampf zwischen Kain und Abel ein Ende finden, und statt irgendein Problem auf dieser Welt wirklich zu lösen, vertiefen wir auf diesem Wege nur von Stufe zu Stufe immer wieder die alten Fehler. Doch gerade dieses Mauerwerk aus Gewalt und Lüge gilt uns am Ende wie selbstverständlich für eine Realität, die wir nicht überschreiten können; und wer irgend es wagen sollte, einen solchen Begriff einer traumlosen Wirklichkeit im Namen Gottes für unmaßgeblich zu erklären, den wird man für einen ebenso unverbesserlichen wie gefährlichen und verantwortungslosen Phantasten halten.

Dabei wäre die Botschaft der Weihnacht im Sinne des Matthäusevangeliums eigentlich nicht schwer zu verstehen. Es käme lediglich darauf an, den Bildern der eigenen Träume so konsequent zu folgen, wie es die »Magier« tun. Gewarnt durch die Botschaft eines Engels ahnen sie die Gefahr, die von »Herodes« ausgeht, und sie »entweichen« vor ihm zurück in ihre Heimat. Wenn es nur Menschen gäbe, die den Evidenzen der Menschlichkeit blindlings wie die Magier folgen würden – es wäre vieles nicht möglich, was wir heute immer noch für ganz normal und richtig halten. Und doch gilt es, das göttliche Leben in uns zu retten und buchstäblich zu fliehen vor »König Herodes«. Besser, wir verbringen lange Jahre wie im Exil, wie Fremde inmitten einer fast unverständlichen Welt, als daß wir um den Preis des Unlebens dort unser »zu Hause« behalten wollten, wo es längst kein »zu Hause« mehr gibt. Offenbar beginnt überhaupt nur um den Preis einer solchen inneren Emigration, um den Preis einer solchen Flucht vor der bürgerlichen Selbstgewißheit in uns etwas Wahres zu wachsen, wenn auch mit noch so gebrochener Zunge. Und doch: lieber die Fremdheit im Lande »Ägypten« als die Wohlvertrautheit all der leergeredeten und ausgedienten Formeln und Floskeln der offiziellen Religion, die immer nur den Herrschenden das Recht gibt und die in Wahrheit alles zerstört, was von Gott her in uns leben möchte.

Das einzige, was uns hindert, den Botschaften unseres Herzens zu folgen, ist freilich wohl nur an der Oberfläche der Sog des Geldes oder der Macht; tiefer in uns liegt das Gefühl *der Angst,* das sofort ausbricht, wenn man uns die beruhigenden Surrogate von Besitz und Einfluß entzieht. Selten nur haben wir den Mut zu uns selber, und irgendwo tragen wir alle etwas von der Gestalt des Königs Herodes in uns. Wir fürchten, die Kontrolle über uns zu verlieren und uns selber zu entgleiten, wenn wir der Faszination des Glücks einfach Folge leisten wollten. Riecht das nicht immer wieder nach Mangel an Durchsetzungswillen oder nach Verrat an der bürgerlichen Tüchtigkeit oder nach einem Verfall von Sitte und Charakter, wenn wir nur einfach Menschen sein möchten? Was überhaupt ist wirklich klar von Gott in uns und was nicht einfach nur eine Versuchung? Was ist nicht bloße Schwärmerei, und was soll wirklich gelten? Mit all diesen Fragen der Angst stehen wir uns immer wieder selber im Wege.

Manchmal können wir von den Tieren lernen, wie wir leben sollten. In der Antarktis brüten in diesen Tagen die Pinguine in den Falten ihres Körpers ihre Jungen aus. Mehr als 50 Prozent des Geleges kommt dabei um, doch immer noch hinlänglich viele Jungvögel werden schlüpfen. Die Alten werden alles tun, um sie großzuziehen, und die Jungtiere müssen sehr schnell wachsen. In weniger als einem Monat müssen sie selbst sich versorgen können, und wenn dieser Zeitpunkt kommt, hören an einem bestimmten Tag die Altvögel auf, ihre Jungen zu ernähren. Die Tiere haben Hunger, doch ein innerer Instinkt sagt ihnen, daß sie ihre Nahrung nur finden können, wenn sie sich hinausgetrauen auf die Weite des Meeres. Die Brandung ist dabei gefährlich stark, Kanten von Eis versperren den Weg, viele der jungen Pinguine, die sich in das Wasser werfen, bezahlen ihren Mut mit ihrem Leben, und doch wissen die Tiere, daß sie das Leben nur finden können, indem sie sich auf dem Weg gegen die Angst hineingetrauen ins Wasser. Immer wieder, wenn die Wellen an den Strand rollen, sieht man eine große Zahl der jungen Vögel zunächst zurückfliehen aufs Festland, hilflos rufen sie nach ihren Elterntieren, doch die sind weit weg, und der Weg führt nur nach vorn. Am Ende bleibt den Vögeln nichts anderes übrig, als das Meer zu bestehen, das sie noch nie kannten; und diese Tiere, denen man nie gezeigt hat, was Schwimmen ist, breiten ihre stummelartigen Flügel aus und vertrauen sich dem Wasser an; tausend Meilen weit schwimmen sie ihrem endgültigen Aufenthaltsort entgegen, um dort ihr eigenes Leben zu lernen.

Wenn die Pinguine denken könnten, läge ihr »Weihnachten« tausend Meilen weit entfernt von ihrem Geburtsort. Sie hätten es nie gesehen, und der Weg dahin käme ihnen, voller Angst vor den drohenden Gefahren, fast unzumutbar schwer vor; doch Gott spricht zu ihnen in der Stimme ihres Hungers, in der Triebkraft ihrer Sehnsucht, in dem Drang ihres Lebens, und er sagt ihnen: »Wagt euch ins Meer! Laßt das Land, wo ihr nicht leben könnt, hinter euch! Vertraut euch selbst und der stärksten Stimme, die euch leitet! Ihr werdet ankommen!« – Die ganze Kunst der Weihnacht besteht für uns Menschen darin, daß wir aufhören, im Dunstkreis der Angst uns weit instinktloser zu verhalten als die Pinguine, und daß wir es lernen, mit unserem Denken und Fühlen dem Ruf der Bilder zu folgen, die Gott in uns angelegt hat. Die Legenden sind wahr, und die Botschaft unseres Herzens ist richtig, und es könnte all das, worauf wir vertrauen, auch in der äußeren Wirklichkeit leben, wenn wir nur wagen würden, die Wahrheit wirklich zu tun, die wir gleich einem Stern über uns sehen.

Die Zeit nach Weihnachten

Neujahr, Dreikönige und Taufe Jesu

Neujahr: Dank für das Vergangene, Hoffnung auf das Kommende

Die Nacht der guten Wünsche und der guten Vorsätze ist vorüber, wenn ein neues Jahr beginnt. Staatsmänner, Würdenträger aus dem öffentlichen Leben haben es in ihren Festtagsreden gebührlich begrüßt. Und wir brauchen uns nicht der Anmaßung schuldig zu machen, uns mit ähnlichen Worten in diese feierliche Schar der Honoratioren einzureihen. Wir wollen uns nur die Zeit gönnen, darüber nachzusinnen, was im Wechsel der Zeit das ist: ein neues Jahr, und beten, daß dies wirklich sei: Erneuerung.

Unsere ein wenig rohen und noch ungebildeten Vorfahren, die altehrwürdigen Germanen, wurden alljährlich in der Zeit der Sonnenwende von einer merkwürdigen Angst befallen. Sie lebten in der Furcht, die bösen Geister könnten die Zeit zurückhalten und die Heraufkunft eines neuen Jahres vereiteln. Mit Lärm und Fackeln, Tanzen und verzückten Schreien suchten sie daher die Dämonen zu verjagen, ein Brauch, der heute in unserer anderen, aber in diesem Punkt nicht so neuen Zeit den Deutschen Michel am Silvesterabend Millionen Euro kostet. Nun werden zwar Dämonen nicht mit Krach und Feuer ausgetrieben, doch der Gedanke der Germanen ist tief und bedenkenswert. Kann es nicht sein, daß die Macht der Vergangenheit die Zukunft fernhält und verhindert, daß das, was war, das Alte, sich weiterhin behauptet und kein Neues zuläßt, daß es kein neues Jahr gibt, sondern nur das alte bleibt, daß alles, was war, sich einfach so fortsetzt, wie es gewesen ist? Daß alles unverändert auf der Stelle tritt? Wenn wir einander ein Neues Jahr wünschen, meinen wir damit nicht im Grunde, daß das Alte vergangen und vorüber sein kann? Aber die Mächte, die uns zwingen können, immer nur nach rückwärts zu starren, und die uns nach vorn wie vor eine schwarze Wand stellen, liegen in uns selbst, und daher ist die Frage nach dem neuen Jahr die Frage, wie wir von uns selbst loskommen.

Manche Neujahrswünsche sind wie eine Aufforderung, vor dem eigenen Schatten zu fliehen. Sie lassen sich mit dem Bild vergleichen, das Sören Kierkegaard einmal von den sogenannten guten Vorsätzen gebraucht hat. Nach einem Platzregen im Herbst, als die Sonne wieder durch die Wolken bricht, läßt ein Junge auf einem Acker seinen Drachen steigen: Höher und höher steigt der Drache, und die Gedanken des Jungen begleiten ihn: mein Drache, höher, höher; aber der Junge merkt nicht, daß er selbst mit seinen Füßen in einer Pfütze steht. So ähneln die Wünsche und Vorsätze zum Neuen Jahr oft Höhenflügen, die nur den Zweck verfolgen, vom eigenen Standort abzusehen, sich selbst nicht mehr anschauen zu müssen und das Treten auf der Stelle erträglicher zu machen. Wie aber kann man denn die eigenen Unansehnlichkeiten ansehen lernen? Wie kann man dem Ansinnen entsprechen, über die eigene Sinnlosigkeit nachzusinnen?

Ernst Jünger hat in seinem Essay von dem »Mann im Mond« einmal die Flucht in die Betäubung portraitiert, die von dem Empfinden ausgeht, daß alles sinn- und hoffnungslos irgendwie so bleiben wird, wie es ist. Der »Mann im Mond« lebt in einer beziehungslosen, kalten, erfrorenen Welt, einer Wüstenei, und er stellt fest: »Hinsichtlich eines Sinnes – das heißt, hinsichtlich einer erkennbaren Ordnung in der Geschichte – ist mein Dasein hoffnungslos wie sonst keines auf der Erde. Ich – als Mann auf dem Mond – könnte nirgendwohin den Sinn verlegen. Seit ich es aufgegeben habe, über den Sinn meines Lebens zu grübeln, befinde ich mich ganz leidlich.« Man hört hier auf, unter der Sinnlosigkeit zu leiden, indem man die Frage verdrängt, wozu man da ist und was das soll: dasein. Das Gefühl, nutzlos und überflüssig irgendwo in Einsamkeit und Kälte herumzustehen, dieses unausstehliche Stehen auf derselben Stelle nötigt irgendwie, sich zu vergessen. Man kann nur tun, was man über die Eingangstüren der Hölle schreiben könnte: so weitermachen.

Dabei kann diese Formel »weitermachen« auch alles Glück ausdrücken. Wie gern wünschen wir heute manchem, daß er so bleiben möge, wie er ist, daß er so weitermachen möge, wie er begonnen hat. Die Frage, die zwischen Himmel und Hölle entscheidet, ist, ob ich bei dem Blick in die Vergangenheit mich selber akzeptieren oder nur ablehnen und verachten kann. Meiner Vergangenheit kann ich nicht entfliehen, der Zeit, die verrinnt, kann ich nicht entrinnen, in diesem Sinne kann ich mir nicht entkommen; höchstens, daß ich die Wände meines Gefängnisses vergesse und mich fortträume in eine Wolkenwelt oder narkotisiere und abstumpfe. In diesem Sinne kann also auch ein neues Jahr nicht neu sein; es kann nicht der Anfang eines anderen Lebens sein.

Aber es ist möglich, daß sich mein Leben verwandelt, daß ich bei dem Blick nach rückwärts, auf das vergangene Jahr und weiter zurück in die Vergangenheit, auf alles, wie es gekommen und geworden ist, den Weg erkennen kann, den Gott selbst mich geführt hat, meinen Weg, und daß ich dabei bleiben und darauf weitergehen kann. Dann erhält überhaupt das Gefühl für Zeit und für Geschichte für die eigene Vergangenheit und für die eigene Zukunft eine Bedeutung; das Empfinden verschwindet, auf der Stelle zu treten. Es wird klar eine Linie sichtbar: Bis hierher bin ich gegangen; hier stehe ich jetzt; das ist aus mir geworden; so bin ich. Und es taucht ein weiterer Weg auf: Ich kann mir sagen: So geht es weiter, so kann es immer weitergehen; ich habe eine Zukunft; mein Leben darf sich fortsetzen. So gibt es wirklich etwas Neues, das ich erwarten kann; so gibt es etwas, das war, und etwas, das kommen wird. Ich kann bejahen, was ich geworden bin, und ich kann ohne Furcht auf den Horizont schauen, hinter dem das Unbekannte, das ich sein werde, auf mich wartet.

Im Grunde ist die Dankbarkeit für das Vergangene und die Erwartung und die Hoffnung auf das Kommende eine Folge des Glaubens. Was dies sein müßte, hat Franz Kafka in der berühmten Parabel von der »kaiserlichen Botschaft« aufgezeichnet. »Der Kaiser – so heißt es – hat Dir, dem Einzelnen, dem jämmerlichen Untertanen, dem winzig vor der kaiserlichen Sonne in die fernste Ferne geflüchteten Schatten, gerade Dir hat der Kaiser von seinem Sterbebett aus eine Botschaft gesendet.« Kafka beschreibt, wie die Botschaft ewig auf der Strecke bleibt und niemals ankommt, wie der Bote sich nutzlos abmüht, den Adressaten zu erreichen, aber nie aus den Gemächern des königlichen Palastes entkommen kann – »Du aber sitzt an Deinem Fenster und erträumst sie Dir (die Botschaft), wenn der Abend kommt.« – Es ist ein Bild von der Sehnsucht nach dem, was eigentlich sein müßte; es ist ein Bild von dem Verlangen nach Glauben, wie es oft jahrelang auch unser Leben als Christen heimsuchen kann: ein trauriges Warten an einem Fenster, durch das bald die Nacht hereinschauen wird, eine Art Untergangsstimmung, ein wie endgültig anmutender Dämmerungszustand, der langsam immer mehr Licht verschwinden zu lassen droht, ein Warten auf etwas, darauf zu warten man nicht lassen kann und an dessen Erfüllung man doch nicht glauben mag, eine Sehnsucht nach etwas, das einem wie unmöglich vorkommt, man weiß aber: worauf man wartet, ist etwas ganz und gar Persönliches, etwas, das nur meiner schamhaft versteckten, meiner ängstlich verkrochenen, meiner Winkelexistenz gilt, etwas, das mein verschrecktes und verscheuchtes, verängstigtes und verborgenes Leben wieder in Ordnung bringen würde, wieder ins rechte Licht stellen könnte, etwas, das mich zum Erben und zum Testamentsvollstrecker Gottes machen würde. Das ganze Christentum ist vermutlich nichts anderes als die Entdeckung, daß gerade eine solche kaiserliche Botschaft mich erreichen kann. Wohl deshalb begeht die Kirche in der alten Festordnung am Sonntag nach Neujahr das Fest des Namens Jesu: daß irgendein Wort Jesu, etwas von dem, was er getan hat, etwas, das durch ihn von Gott selber an mich adressiert ist, in meine Seele fällt, daß ich feststelle: Ja, so ist es! – es müßte nicht so ein: es ist so; es wäre nicht nur schön, wenn es das gäbe – es ist tatsächlich so; es ist nicht nur ein Wort von außen, es ist ein Stück von mir.

Eine solche Entdeckung verwandelt alles. Alles wird wirklich neu. Ich bin derselbe Mensch, kein anderer, und doch ein neuer Mensch. Es ist ja gleich, woran ich das erfahre, an welchem Wort Jesu, an welchem Wunder, das er wirkte: An jeder Stelle führt ein Gang ins Innerste, zu allem, was Jesus hat sagen wollen; an jeder Stelle berührt Gott. Jemand z. B. hat nach langem Ringen sich selber dazu durchgerungen, sein ganzes Leben einer Revision zu unterziehen; es ging einfach nicht weiter; er stand da wie am Ende einer Sackgasse; er hielt den ständigen Zwang, ein anderes, ein fremdes Leben, eine Rolle spielen zu müssen, nicht mehr aus; er wollte nicht mehr länger vor sich selber auf der Flucht sein; er wagte es, sich selbst im Spiegel Gottes zu betrachten. Und er entdeckte, daß es stimmt, ganz wörtlich stimmt: »Die Wahrheit wird euch freimachen« (Joh 8,32). Nichts mehr verbergen zu müssen, nichts mehr verstecken zu müssen, spüren zu dürfen, daß das eigene Leben vor Gott eine Berechtigung besitzt – diese kaiserliche Botschaft, diese traurigen Träume an dem abendlichen Fenster sind erfüllt, sind eingetroffen. Hin neues Leben hat begonnen, und Freude hat die Traurigkeit verwandelt.

Ein anderer hat zeit seines Lebens unter einem Gebrechen, einem

Fehler, einem Versagen, einem heimlichen Laster gelitten. Niemals hat er gewagt, davon zu sprechen, nur daß er sich wie unmöglich, wie ganz verdammenswert vorkam. Hundertmal hätte er sich innerlich in den Staub werfen mögen, wegwerfen mögen, in die Gosse werfen mögen. Da liest er die Erzählung von der Sünderin, die sich unter Tränen Jesus zu Füßen wirft, und er sagt zu ihr: »Deine Sünden sind dir vergeben« (Lk 7,48). Daß dies das letzte Wort Gottes über unsere Schuld ist, daß alles, alles bei Gott gut sein kann, daß es ganz wörtlich stimmt, wenn Jesus zu der Sünderin hinzugefügt: »Geh in Frieden!« (Lk 7,50) – das kann ein ganzes Leben von Grund auf verwandeln. Nicht verurteilt zu sein, leben zu dürfen, mit allem vor Gott sein zu dürfen – das macht ein neues Leben aus, das schafft tatsächlich einen neuen Anfang, das teilt das Leben in das, was gewesen und vorüber ist, und das, worauf ich hoffen darf, mich freuen darf, was Gott für mich bereithält.

Am Neujahrsmorgen geht es um nichts anderes, als uns allen Mut zu machen, an diese Möglichkeit eines neuen Anfangs zu glauben. Man kann diesen neuen Anfang nicht machen und planen. Er kommt nicht pünktlich mit der Präzision der Erdbahn um die Sonne. Und doch ist es wichtig, daß unser Leben selbst in den Zeiten der Hoffnungslosigkeiten, der grauen Traurigkeiten und des allzu langen Wartens an den abendlichen Fenstern nicht aufhört, sich weiter um Gott zu drehen, daß wir nicht aufhören, an das Eintreffen der Botschaft zu glauben.

Vielleicht ist das jetzt folgende ein extremes Beispiel, aber gerade deshalb sei es erzählt; es zeigt, daß das Unmögliche möglich ist und sich in einem Augenblick ereignen kann, daß es den neuen Anfang wirklich gibt, daß es sich lohnt, den zähen Glauben und die Sehnsucht nach Gott festzuhalten, selbst wenn sie ohne Hoffnung scheint.

Vorausgeschickt sei, daß es kaum jemanden geben wird, dem die Zukunft so quälend unter der eigenen Schuld, unter der Hypothek des eigenen Daseins verriegelt und verschlossen erscheinen muß wie einem dem Laster Verfallenen, wie einem der Sucht Ausgelieferten, zumal, wenn ein solcher Mensch wach und empfindsam ist – und wenn er zudem noch an Gott glaubt, also nicht nur immer wieder etwas Selbstzerstörerisches tut, sondern es noch dazu in jedem

Augenblick unter den Augen Gottes begeht. Ein solcher Mensch war über Jahre seines Lebens hin der große russische Dichter *Dostojewski.* Im größten Elend lebend, auf der Flucht vor seinen zahlreichen Gläubigern hatte Dostojewski nur in seiner Gattin Anna Grigorjewna einen Begleiter und Gefährten seiner Not, einen Menschen, mit dem ihn die gegenseitige Liebe verband. Immer wieder aber geschah es, daß Dostojewski von der Spielleidenschaft anfallartig heimgesucht wurde; rätselhaft und unerklärlich trieb es ihn zum Roulette, und er verspielte alles, alles. Er, der sich selbst unsäglich seiner Haltlosigkeit schämte, mußte seine eigene Gattin bitten, ihren Ring, sogar ihren Mantel, ihr letztes zu versetzen – und trug selbst das noch an die Spielbank. Die Gattin Dostojewskis, diese wunderbare Frau, vergab und verzieh, immer wieder, ohne Vorwürfe. Aber Dostojewski litt, auch unter dem Verzeihen – der Anblick seiner kranken Kinder, die ständige Not, die marternden Selbstzweifel an dem eigenen Talent treiben ihn wie zur Bestätigung seiner Schändlichkeit, wie zum Beweis seiner Unfähigkeit, aber auch immer wieder in der Hoffnung auf eine magische wunderbare Wende unwiderstehlich in die Kasinos. Da schreibt Dostojewski am 28. April 1871, an einem Freitag, aus Wiesbaden einen Brief an seine Gattin, der zu einem der größten Dokumente der inneren Befreiung und des Triumphes eines neuen Anfangs geworden ist. Dostojewski beschreibt, wie er, erneut von anfänglichen Erfolgen beim Spiel genarrt, 30 Taler, den gesamten Besitz, vertut. Aber in diesem Moment überkommt ihn die Gewißheit, daß er nie wieder spielen wird, daß er die Illusion, die in diesem Laster liegt, nicht mehr brauchen wird. Und er bittet seine Gattin: »Anja, ich liege zu Deinen Füßen und küsse sie, und ich weiß, daß Du das volle Recht hast, mich zu verachten als auch zu denken: Er wird doch wieder spielen. Wobei soll ich Dir nur schwören, daß ich es nicht mehr tun werde … Glaube mir. Glaube mir ein letztes Mal … Mir ist, als wäre ich sittlich ganz neu geboren (das sage ich Dir und Gott), und wenn ich mich in diesen drei Tagen nicht so sehr um Dich quälte … so wäre ich beinahe glücklich … Mir ist etwas Großes widerfahren, verschwunden ist die lasterhafte Phantasie, die mich fast 10 Jahre geplagt hat … Jetzt ist alles vorbei! Das war wirklich das allerletzte Mal! Wirst du mir glauben, Anja, daß meine Hände jetzt frei sind? Ich war durch das Spiel gefesselt! Ich werde jetzt an die Arbeit denken … und Gott wird sie segnen! Anja, bewahre mir Dein Herz, hasse mich nicht, entziehe mir Deine Liebe nicht. Jetzt, wo ich ein neuer Mensch geworden bin, wollen wir zusammen weitergehn, und ich werde alles tun, daß Du glücklich wirst … Ich werde in diesen Tagen ein neuer Mensch sein und ein neues Leben beginnen … von nun an werde ich Dich nie mehr quälen!«

Daß einmal alles vorbei sein kann, selbst ein Laster, selbst ein Zwang, der das Leben in Schuld und Chaos zu ertränken drohte, daß es wirklich einen neuen Anfang geben kann, daß die Mächte der Vergangenheit die Zukunft nicht vereiteln müssen – wie sehr ist das allen zu wünschen! Und es ist ja auch nicht einfach das Vergangene, das Schuldhafte, das Leidvolle nur vorbei; es geht mit in die Zukunft hinein, verwandelt, neu, als Chance. Undenkbar, daß Dostojewski, dieser große Kenner der menschlichen Seele, dieser alles verstehende, einfühlende, selbst das Ungeheuerliche im Menschen begreifende Dichter geworden wäre ohne die unsägliche Qual von Scham, Verzweiflung, Laster, ohnmächtiger Reue und vollkommener Erniedrigung; undenkbar, daß er so abgrundtief in der menschlichen Seele hätte loten können, ohne selbst in diese Abgründe gestiegen oder besser: geworfen worden zu sein. Wenn es überwunden ist, dann gilt, was ein chassidisches Sprichwort sagt: »Nur wer tief hinabsteigt, findet die Kraft, wieder hoch hinaufzusteigen.«

Zeit haben im Bewusstsein der Ewigkeit

An dem ersten Morgen jeden Jahres wünschen wir einander herzlich ein gutes Neues Jahr. Dieser Wunsch ist nicht eine bloße Formel; denn es zählt mit zum Tiefsten, was wir überhaupt einander wünschen können, daß es in unserem Leben *Neues* geben möge. Nicht in dem Sinne, daß etwas passiert, das äußerlich verschieden ist von dem, was wir schon kennen – denn das wäre nur etwas Anderes, nicht etwas wirklich Neues; vielmehr in dem Sinne, daß wir selber in uns ein Stück weit neue Menschen werden, daß es in uns so etwas gibt wie innere Entwicklung und Geschichte. Es wäre, wenn das in Erfüllung gehen würde, wie ein Beweis für unseren *Glauben.* Daß unser Leben eine eigene Geschichte hat, – das ist nur möglich in der Zuversicht des Glaubens.

Das Neujahrsfest und seine Bräuche sind an sich etliche 1000 Jahre älter als die Religion der Bibel. Ursprünglich sah man in dem Jahreswechsel gerade nicht den Anfang eines Neubeginns, sondern im Gegenteil den Rückfall in das Urzeitchaos; am Neujahrstage wiederholte man den Schöpfungsakt der Götter. Daher die Ausgelassenheit in der Silvesternacht: Man wollte selbst im Taumel und im Einsturz aller geltenden Gesetze die Welt zurückgeleiten in die Zeit des Uranfangs, des Nichts, damit die Götter sie verjüngt ins Dasein rufen könnten. Neujahr – das war die Wiederkehr des Alten in verjüngter Form; die Welt, die Zeit drehte sich nach der Anschauung der Alten in immer gleichen Wiederholungen und Kreisläufen; – ein wirklich Neues gab es nicht darin, nur die periodische Rückkehr des Uranfangs.

Jedesmal, wenn die Kraft des Glaubens nachläßt, sucht uns ein quasi analoges Weltbild mit einer psychologischen Evidenz aufs neue heim und taucht uns in eine angstvolle Geschichtslosigkeit des Empfindens und Denkens, in der die Zeit nur noch äußerlich dahintreibt, wir selbst aber mit unserem Leben nicht mehr von der Stelle kommen. Irgend etwas darin zerfällt dann, und wir haben nicht mehr die Kraft, Vergangenheit, Gegenwart und Zukunft in eine Einheit zu bringen.

Dem einen fehlt die *Vergangenheit;* er erklärt vollkommen glaubhaft, daß er sich an nichts erinnern kann, weder an seine Kindheit noch an seine Schulzeit, noch an seine Eltern – als wenn seine ganze Jugend wie eine einzige Explosion der *Angst* gewesen wäre und er selbst überhaupt erst mit etwa 20 Jahren allmählich neben einem großen Haufen von Trümmern aus seiner Starre erwacht wäre. Er lebt gewissermaßen wie im Nebel, ohne zu wissen, woher er kommt. Wenn er sagt, er *könne* sich nicht erinnern, meint er eigentlich, er *dürfe* sich die Vergangenheit nicht vor Augen führen, da sonst Bilder und Szenen endloser Einsamkeit und Traurigkeit, schrecklicher Angst oder tiefer Verlassenheit auftauchen würden; und so flieht er vor seiner Vergangenheit wie vor einem Alptraum.

Glauben würde bedeuten, daß er in seinem Leben so etwas wie einen roten Faden, wie eine innere Führung wahrnehmen könnte; er aber schaudert unbewußt vor seiner Vergangenheit zurück wie ein kleiner Junge vor dem Gang in den Kohlenkeller. Er spürt nur dumpf, daß er nach rückwärts wie abgeschnitten existiert; daß er keine Wurzeln besitzt und ständig mit dem Rücken an der Wand steht. Wie in der Welt der Mythen erscheint ihm seine Vergangenheit als ein undurchdringliches Urzeitchaos, das von irgendwelchen allmächtigen Göttern beherrscht wird; und er selber ist dazu verurteilt, sich ewig unter dem Zwang des Vergangenen im Kreise zu drehen. Denn während er in seinem Bewußtsein die Vergangenheit fortzaubert, schlägt diese ihn unbewußt nur um so mehr in ihren Bann. Weil er aus Angst keine Vergangenheit haben will, hält diese um so mehr seine Gegenwart besetzt und beraubt ihn jeder Zukunft. In ewigem Wiederholungszwang repetiert er die private Urzeit seines Lebens, als irgendwelche Götter ihn beherrschten und wie einen Urstoff zurechtformten, stets in der Angst, daß er, wenn er sich nicht ihren Händen überließe, selbst nichts als ein chaotisches Etwas sei.

So lebt er de facto nach wie vor vollkommen in den Händen dieser seiner Urzeitgötter; sobald er eine geringfügige Bewegung in Richtung auf ein bißchen Eigenständigkeit und Selbständigkeit macht, rühren sich diese alten Daseinsmächte in ihm und ziehen ihn mit Gewalt um Jahrzehnte zurück in die Zeit seines Anfangs; sie zwingen ihn, ohne daß er selbst es merken würde, wie automatisch dazu, sich ganz so zu verhalten wie in den ersten Jahren seines Lebens. So bleibt er an diese Urzeitgötter seiner Vergangenheit gebunden und findet nicht den Mut, sich diesen Scheingötzen zu stellen.

Es würde die gesamte Kraft des *Glaubens* dazu gehören, gegen die Angst der eigenen Vergangenheit anzutreten und ein eigenes Leben zu beginnen. Ein für allemal müßte er dann denken, daß es nur Gott zusteht, Erde zu nehmen und einen Menschen daraus zu formen, und daß kein Mensch daher das Recht hat, einen anderen wie ein Stück Dreck zu behandeln, das er nach seinem Belieben kneten und formen könnte. Er müßte denken, daß Gott *sein* Leben will. Und sich ein *neues* Jahr zu wünschen – das würde für ihn heißen, daß er im Vertrauen zu Gott lernen würde, die Last des ewig nur Vergangenen und

Zukunftslosen abzuschütteln und überhaupt zu glauben, daß es für ihn ein anderes, ein eigenes, ein neues Leben gibt.

Ein anderer vielleicht wagt nicht, an die Vergangenheit zu denken, weil er darin eine bestimmte *Schuld* wahrnimmt, die ihn nicht losläßt und ihn verfolgt wie ein Verbrechen. In Wahrheit ist vielleicht gar nichts passiert, für das man sich zu schämen hätte, ein Kinderstreich, eine harmlose Jugendsünde vielleicht, aber dem Betreffenden erschien sie damals so schlimm, daß er sich niemals getraut hat, davon auch nur ein Wort zu sagen. Statt dessen hat er sich immer nur schuldig gefühlt. Vor allem meinte er, sich zurückziehen oder verstecken zu müssen, so daß er eine Vergangenheit hatte, die er eigentlich nicht haben durfte, für die er sich schämte und die er ständig zu verstecken suchte. Sein Leben verwandelte sich damit zusehends in einen Kriminalfall, indem alle Energie fortan nur noch dafür verbraucht wurde, die Vergangenheit unsichtbar und ein bestimmtes Ereignis darin ungeschehen zu machen.

In Wahrheit aber läßt sich natürlich nichts ungeschehen machen; und so wird die Vergangenheit immer mehr zur Falle; alles kreist um sie, um den einen Punkt, der eigentlich nicht gewesen sein dürfte, und man gehört ihr um so unentrinnbarer, je mehr man sich bemüht, von ihr loszukommen.

Das ganze Geheimnis der Vergangenheit besteht darin, daß man von ihr nur loskommt, wenn man sie annimmt. Aber gerade dazu bedürfte es wiederum des Glaubens. Denn gerade der Glaube erklärt, daß es das bei Menschen Unmögliche gibt: die Umwandlung der Schuld in Vergebung, die Möglichkeit, daß das sein darf, was nie hätte sein dürfen, die Möglichkeit, mit dem zu leben, für das man nie hätte leben sollen. Im Glauben allein gewinnt man die Freiheit, zu dem zu stehen, was alle anderen eigentlich nur verurteilen können; Gott allein kennt uns ganz; ihm gegenüber braucht man nichts zu verbergen. Erst in der Vergebung der alten Schuld kann das Leben weitergehen und hört auf, an der Vergangenheit festzukleben. Mit dem Wunsch eines Neuen Jahres verbinden wir daher den Wunsch der Befreiung von Schuld, den Wunsch und die Zusicherung von Vergebung.

Das genaue Gegenstück zu dem Verlust der Vergangenheit in dem Umkreis von Angst- und Schuldgefühlen ist die Zerstörung der

Zukunft aufgrund von Angst- und Minderwertigkeitsgefühlen. Sie können sich in dem Empfinden äußern, daß es im Grunde überhaupt keine Zukunft gebe; es ist das Gefühl, daß nichts mehr geht, weil man doch alles nicht mehr schaffen kann oder weil es doch im Grunde nur immer schlimmer wird oder weil man einfach nicht mehr denken kann, daß es jemals gut wird. Alles scheint nicht mehr voranzugehen, als wenn man vor einem riesigen Berg oder – schlimmer noch – vor einem ungeheuren, gähnenden Loch stünde; man fühlt sich wie blockiert, es fehlt einem jede Perspektive, das ganze Leben erscheint wie ausweglos, denn eben: Zukunft zu haben, das wäre der Ausweg. Und doch ist es, bei Licht besehen, gerade umgekehrt; tatsächlich muß nämlich jemand, der unter einer solchen Zukunftslosigkeit leidet, eigentlich immerzu an die Zukunft denken; immerzu geht ihm durch den Kopf, was in seinem Leben geschehen könnte, welche Aufgaben ihn erwarten, welche Konflikte auf ihn zukommen. In Form von Sorgen lebt er ständig in der Zukunft, so daß man schon sagen muß: Er hat keine Zukunft, weil die Zukunft ihn mit ihren drohenden Möglichkeiten ganz und gar besetzt hält.

Auch für einen solchen Menschen besteht die einzige Form, in der er zu einer eigenen Zeit und Geschichte gelangen könnte, im Glauben. Das »Neue«, das wir ihm im Glauben wünschen, wäre das Bewußtsein, daß er seine Zukunft einmal nicht allein selbst zu machen und zu verantworten braucht, sondern daß er das Kommende *empfangen* darf, daß er endlich von dem Gefühl loskommt, nur von allen Seiten durch an sich unlösbare Aufgaben umstellt zu sein, und daß statt dessen das Empfinden wächst, leben zu dürfen und selber auch ein gewisses Recht an Selbstvertrauen zu besitzen, eben weil es kein Fehler gewesen sein kann, als Gott ihn erschuf.

An dieser Stelle berührt sich diese Variante der Zukunftslosigkeit mit dem nur scheinbar völlig entgegengesetzten Bestreben mancher Leute, nur in die Zukunft hineinzufliehen; solche Menschen *haben* ebenfalls keine Zukunft, weil sie ständig in der Zukunft *sind. Sie* stürzen aus der Gegenwart fort, um ihrer eigenen Wirklichkeit zu entkommen. Sie greifen alles Neue und jede Veränderung begierig auf, weil ihnen alles, was immer es sei, lieber ist als das, was sie antreffen; sie finden im Hintergrund ihres Hungers nach Veränderung alles Gegenwärtige unterträglich. Aber indem sie das, *was* ist, zu überspringen suchen, verliert sich alles unter den Füßen; dem Bogen reißt die Sehne, von dem aus man den Pfeil in die Zukunft schießen will. Denn weil man die Zukunft nur sucht, um die Gegenwart zu verleugnen, geht die Kontinuität, die Verbindung zur Gegenwart verloren. Und alles bleibt beim alten, gerade weil alles neu sein soll. Die Nur-Zukunft verurteilt gerade zur Nur-Gegenwart, zum Verlust der Zukunft.

Damit es etwas wirklich Neues gibt, müßte es etwas in der Gegenwart geben, das wirklich sein und Bestand haben dürfte. Und *das* gerade ist es, was der Glaube lehren kann: daß man ein Stück weit vor Gott berechtigt ist, so zu sein, und daß man die Gegenwart annehmen darf in dem Vertrauen, daß Gott niemals völlig andere Menschen haben will, weil vor Gott niemals alles gänzlich falsch sein kann. Der Wunsch zum Neuen Jahr bedeutet hier, daß man im Glauben lernt, das, was geworden ist, zu akzeptieren und die Geduld zu üben, daran anzuknüpfen.

In allen Fähigkeiten ist es ganz allein der Glaube, der die Kraft verleiht, die Dimensionen von Vergangenheit und Zukunft auszuhalten. Das gleiche gilt nun für die *Gegenwart.* Man kennt die Menschen, welche die Gegenwart zu einem Nichts zusammenziehen und sich nie auf irgend etwas Gegenwärtiges wirklich einlassen können. Ständig sind sie schon über das Gegenwärtige mit neuen Plänen und Projekten hinaus. Nie haben sie Zeit, und es gibt in ihrem Leben kein Verweilen, keine Dauer, keinerlei Festigkeit, alles ist in Eile und Hast, ihr Leben ist eine einzige brodelnde Magmamasse, aus deren Rauch alles mögliche aufsteigen kann. Und wenn man nachschaut, woher dieses Fehlen der Gegenwart, dieser künstliche Schrumpfungsprozeß der Zeit stammt, so wird man bemerken, daß Menschen dieser Art keine Zeit *haben* können, weil sie *nur* in der Zeit leben, weil es in ihrem Leben niemals einen Ausblick auf etwas an sich Gültiges und Bleibendes gibt, weil ihrem Leben mit anderen Worten die *Ewigkeit* fehlt. Man kann nur wirklich in der Zeit leben, wenn man weiß, daß es mehr gibt als die Zeit; man kann sich dem Strom der Veränderung nur überlassen, wenn es etwas Unwandelbares, Zeitloses gibt, von dem her alles sein Maß und Ziel erhält.

Das könnte uns der Glaube daher lehren: Zeit zu haben im Bewußtsein der Ewigkeit; die Veränderungen und das Veränderbare zu relativieren in der sicheren Gegenwart dessen, was ewig gilt und bleibt, ohne daß wir es hervorbringen müßten; und Ruhe zu finden in dem Gedanken, daß Gott in ewiger Gegenwart schon *ist.* Wenn alles nur in der Zeit davonstürzen würde, könnten wir heute einander nicht wirklich ein Neues Jahr wünschen, denn es gäbe niemals eine wirkliche Zäsur im Strom der Zeit; etwas wirklich Neues – das setzt voraus, daß wir einmal innehalten und Zeit*haben,* nicht nur *Zeit sind;* und dazu brauchen wir den Glauben, der uns an unsere ewige Bestimmung und unser ewiges Sein erinnert.

Es gibt daneben – neben dem Verlust der Zeit durch den Verlust der Ewigkeit – die andere Gefahr: die Zeit aufzulösen als etwas Verächtliches und alles in einem ewigen Augenblick erstarren zu lassen, weil man im Grund *nur das Ewige* und Dauerhafte gelten läßt und alles Vergängliche verwirft, nur schon, weil es vergänglich ist. Einem solchen Leben fehlt die *Zeitlichkeit,* ja es leidet darunter, in einem ewigen Heute auf der Stelle zu treten und überhaupt kein Morgen, keine Zukunft, keine Entwicklung mehr zu kennen. Aus Angst vor der Veränderung der Zeit versteinert solch ein Dasein zu einer Pharaonenmaske; es lebt so sehr in der Magie der Ewig-Gültigen, es trachtet so sehr danach, sich selber in ein unzerstörbares Monument zu verwandeln, daß es in Wahrheit darüber ganz und gar zu leben versäumt und buchstäblich im Nichts versinkt. Es verlangt so sehr nach der Ewigkeit, daß es am Ende nichts erreicht und gänzlich von der Vergänglichkeit verschlungen wird. Der Wunsch nach der Vernichtung der Zeit endet in einem nichtigen Traum, denn nur Gott ist ewig. Wenn Menschen sich wünschen, sie möchten von den Störungen der Zeit befreit sein, so wünschen sie sich damit eigentlich den Tod.

Im Leben gibt es nur eine Art, die Zeit auszuhalten: daß man im Vertrauen auf Gott und mit dem Maßstab dessen, was bei Gott immer gilt, sich in die Wirklichkeit hineingetraut und den Mut bekommt, darin etwas zu ändern, gerade weil man nicht in jedem Augenblick etwas für die Ewigkeit bauen und machen muß, gerade weil es genügt, ein Mensch zu sein, wenn es Gott gibt.

So wünschen wir uns beim Wunsch für ein glückliches Neues Jahr im Grund eigentlich nur *Glauben.* Der Glaube gibt uns jene Freiheit, die dazu nötig ist, Zeit und Geschichte zu erleben. Der Glaube schenkt uns die Versöhnung mit vergangener Schuld und löst uns aus den alten Ängsten längst vergangener Erschütterungen; der Glaube dämpft die Angst, mit der wir voller Sorgen an die Zukunft denken und sie in Wahrheit gerade damit in die pure Aussichtslosigkeit verwandeln; nur der Glaube gibt uns das Vertrauen zu uns selbst und unserer eigenen Wirklichkeit, so daß wir davon lassen können, die Zukunft als ein Traumland leerer Utopien, als den reinen Gegensatz zur Gegenwart zu wollen und darüber in Wahrheit jede Zukunft zu verlieren; allein der Glaube ist es, der uns lehrt, Zeit sich zu gönnen und zu haben im Vertrauen auf die Ewigkeit und in die Zeit zurückzukehren in dem Bewußtsein, daß sie uns nicht auffrißt, wenn wir in Gott gesichert sind. Dies ist es, was wir uns im Grunde in jedem Neuen Jahr wünschen: daß wir in Gott gesichert sind, möge gewesen sein, was will, und möge kommen, was da wolle; – daß *wir vor Gott sind* macht, daß wir ein wirklich *Neues* Jahr erleben dürfen.

Gedanken über die Zeit

Was ist Zeit?

Wenn ich für mich allein bin, weiß ich es, schrieb der heilige Augustinus in seinen »Bekenntnissen«, wenn man mich fragt, weiß ich es nicht. Jahre in unserem Leben, Jahrmillionen im Leben der Arten sind dahingegangen, ohne daß es ein Zeitempfinden hätte geben können. Die Orientierung im Raum war das einzige, ehe sich Augen bildeten und fähig wurden, das Licht aufzunehmen, und als erstes Gefühl für ein Maß der Zeit der Rhythmus vom Aufgang und Untergang der Sonne einsetzte, der Rhythmus von Wärme und Kälte, vom Steigen und Fallen, von Ebbe und Flut.

Was ist Zeit?

Die ersten Antworten in der Geschichte der Menschen wurden gegeben nach den Rhythmen der Sonne und der Gestirne: ein ewiger Kreis sei die Zeit. Sie sei, sagten die alten Ägypter, wie eine Schlange, die sich selbst in den Schwanz beißt. Sie häutet sich und verjüngt sich immer wieder neu, aber ihr Leib umhüllt uns wie ein unentrinnbarer Kerker, und alles dreht sich und dreht sich, vergeht und kehrt wieder, wir aber sind flüchtig darinnen. – Die Zeit, sagten die Inder, ist wie eine Frau von blühender Schönheit, alles gebiert sie und bringt sie hervor, doch alles verschlingt sie und nimmt sie zurück.

Ungeheuerlich ist die ungeheure Zeit, in der wir hervorgebracht und zurückgenommen werden, unwiderruflich. Wir sind noch nicht zur Welt gekommen, da tragen wir im kleinsten Zellverband bereits die Stundenuhr des Todes in uns, das Programm nicht nur der Zusammenfügung, sondern bereits der Auflösung. – Ein junger Mann, der für seelisch krank gehalten wurde, träumte Nacht für Nacht den Alptraum der Zeit: eine riesige Uhr, deren Zeiger sich drehten, unerbittlich, Stunde für Stunde. Er selbst aber war mit seinem Kopf an der Zwölfzahl befestigt, und je näher der lange Zeiger rückte gegen die Zwölf, um so unerbittlicher drohte er selbst getötet zu werden. Mit aller Anstrengung versuchte er, im letzten Moment den vorrückenden Zeiger von seinem Hals wegzuschieben. Aber es gelang ihm nicht, denn seine Kräfte reichten nicht aus. Schreiend und schweißgebadet wachte er auf. – Wir können die verrinnende Zeit niemals aufhalten, aber wir können sie nutzen.

Wie bringen wir es fertig, daß wir nicht nur in der Zeit sind als ihre Produkte und ihre Schlachtopfer, sondern daß wir sie leben und gestalten?

Die Ägypter meinten, daß es nicht nur die Schlange im Kreis gibt, um die Zeit zu bedeuten, sondern eine Berührung des Menschen mit den Sphären der Ewigkeit. Die Ägypter glaubten an das Rückgrat des Gottes, der stirbt und wieder aufersteht. Und gradeso trügen wir's in unserem Wesen, eine Ausrichtung, nicht preisgegeben an die Horizontale, sondern Erde und Himmel verbindend, wenn wir uns aufrichten aus dem Dämmerzustand der Unbewußtheit, wenn wir das Leben begreifen, bevollmächtigt durch den Anruf einer anderen, ewigen Welt.

Es fällt uns schwer, diesem Anruf zu folgen, denn der Kreislauf scheint zu beruhigen. Nichts Neues gibt es unter der Sonne, versichert das bittere oder tröstende Wort des Predigers. Die Zeit dreht sich wie der Wind immer im Kreis wie ein taumelnder, trunkener, tanzender Gott in Südindien, in einer Mandorla aus Feuer, getrieben von Leidenschaft, immer im Kreis, in den Rhythmen stampfender Musik, und niemand weiß, ist dies Lust oder Leid, bis daß es aus

Erschöpfung zusammenbricht. Der Kreislauf beruhigt, denn es gibt nichts Neues, richten wir uns ein im Bekannten, und die Vergangenheit schon ist das Versprechen der Zukunft. Nur wie es war, braucht es weiterzugehen. Je mehr wir selber geprägt sind vom Druck der Vergangenheit, je mehr unsere Seele wie weiche Tonmasse geprägt und geformt ist vom Druck der zurückliegenden Zeiten, desto weniger werden wir ein eigenes Leben und eine eigene Zeit uns zutrauen. Der Gedanke, es könnte etwas wirklich Neues geben, wird uns erschaudern lassen, denn neu, das ist ungewohnt, unvertraut, noch nicht erprobt, nicht vorweg geregelt, noch nicht zu beantworten nach festgelegten Schemata. Das Neue ist das Beunruhigende, das zu Fürchtende. Wenn es denn Zukunft gibt, müßte sie geplant sein so wie der morgige Tag bei der Bundesbahn nach demselben Fahrplan wie der gestrige. Nur dann würde man die kommende Zeit aushalten, wenn sie nichts Neues gebiert.

Wir aber halten als Menschen die Zeit nicht aus in der Monotonie, in der Leere, im immer gleichen Wahn desselben. Des Menschen Leben, sagt der Psalm, währt siebzig Jahre, und wenn es hoch kommt, achtzig Jahre, und all ihr Währen ist nur Plage und Mühe. Verbracht haben wir unsere Zeit wie einen Seufzer. Drum lehre mich, Herr, das Maß meiner Tage, daß ich erkenne, wie vergänglich ich bin.

Es gehört die ganze Kraft des Glaubens dazu, sich nicht in die Zeit hinein zu verlieren, an die Erde gedrückt und ausgeliefert fremden Gesetzen, gelebt nach fremden Anweisungen, sondern unser Leben zu ergreifen voller Schöpferkraft, voller Phantasie, das Neue träumend, weil es in uns liegt, das Neue gestaltend nach dem Maß unserer Träume. Es ist eine absolute Grenze der Menschlichkeit, ob wir im Kreislauf der Zeit leben oder in der geraden Linie des Lebens der Freiheit, der Verantwortung, der persönlichen Bestimmung. Erst wenn wir selbst uns fühlen als Menschen, die es gibt, als Wesen, die ein unvertauschbares Ich besitzen, wenn wir beginnen zu begreifen, welch eine Kostbarkeit in unserem eigenen, unvertauschbaren Leben liegt, werden wir die Vergangenheit der fremden Bestimmungen abschütteln. Es ist, wie wenn wir uns an einem Morgen die Augen reiben und dieselbe Welt noch einmal zu sehen beginnen. Wir sind nicht mehr Vergangenheit, aber wir haben sie, dürfen sie durchgehen, beginnen uns zu begreifen in dem, was wir waren, und blühen aus dem Schoß der Zeit auf zum Leben, denn es gibt uns selber, winzige Abrisse in den riesigen Räumen der Zeit und doch getragen im Unendlichen. Schon daß wir sind, bedeutet etwas absolut Neues im Getriebe der Welt. So wie wir sind, gab es noch niemals etwas vor uns und wird es niemals mehr etwas geben. Ebendies macht unsere Zeit so unendlich kostbar. Und keine schönere Bestimmung ist, als Zeit zu erleben wie einen langsam reifenden Gottesdienst der Dankbarkeit und des Glücks.

Es mag zwei Weisen und zwei Arten geben, Zeit zu erleben. Ist unser Kopf leer und unser Herz hohl, so dehnt sich die Zeit in unendlicher Langeweile. Dann schlagen wir die Zeit tot, wir bringen sie um, wir hauen sie auf den Kopf, ja wir schlagen uns selber gewissermaßen zwischen die Hörner, denn diese Zeit ist eine höllische Qual, wir wollen sie nicht, nur daß wir ihr nicht entrinnen, niemals entrinnen. – Es gibt die andere Weise der Zeit. In ihr zieht sich der Augenblick zusammen in einer ungeheuren Intensität, als bliebe die Sonne stehen und als verdichtete sich die ganze Welt zu einem einzigen Moment hier und jetzt voll gespannten Glücks, einem einzigen Nu. So ist die Zeit wie ein Bild der Ewigkeit, als bliebe alles stehen und es gäbe nur das Jetzt, eine Schale voll Glück, einen Moment, der sich aufhebt und in dem der Himmel der Erde nahe ist. Es gibt den Alptraum der Zeit, und es gibt den Himmel der Zeit. Es gibt den Abgrund der Zeit, und es gibt die Berufung zur Seligkeit.

Was soll man an diesem Morgen einander wünschen? Wir würden das Neue nicht ersehnen, wenn wir's nicht als Verheißung in uns trügen. Alles andere wäre nur fremd, anders und wie eine Zufügung. Das wirklich Neue ereignet sich stets dann, wenn wir es gesucht haben ein Leben lang, und wenn wir es finden, ist es unser tiefstes Glück. So wollen wir einander wünschen, daß es Neues gibt in unserem Leben und daß wir das Neue behalten in alle Ewigkeit, daß Träume reifen zu ihrer Erfüllung und die Erfüllung zur Verheißung wird und die Verheißung zu immer neuer Befriedigung, niemals mehr ein Kreis des Verschleißes, sondern eine Spirale, eine Treppe zwischen Erde und Himmel.

Es muß vor mehr als zweitausend Jahren gewesen sein, als ein uns unbekanntes Volk ein wunderbares Sinnbild schuf für den Umgang mit der Zeit. Wohl vom Persischen Golf aus, von der Insel Bahrain, wagten damals zum erstenmal Seefahrer mit ihren schwachen Booten sich hinaus auf das offene Meer. Sie hatten vor ihren Augen keine andere Vision als die Straße der Sonne, das Band des Äquators. Dorthin wollten sie segeln und rudern. Und ohne es zu wissen, erreichten sie im Indischen Ozean die Inselgruppe der Malediven, eine Perlenkette von Eilanden, aufgereiht wie ein Band. Insel für Insel betraten sie das unentdeckte Gebiet mitten im Meer und errichteten auf jeder der Inseln einen Tempel der Sonne. – Könnten wir glauben und hoffen und einander wünschen an diesem Morgen, unser Leben möchte so sein, getragen von Wagemut und Freude des Entdeckertums, berufen, hinauszudrängen in die Weite des Meeres, in unbekannte Weiten, in noch nie gesehene Horizonte und einzutauchen in ein Meer des Lichts auf der Straße der Sonne, und jedes Jahr wäre das Betreten einer neuen Insel, wir aber gestalteten die Zeit in der Nachbildung Gottes und in der Dankbarkeit des Lebens!

Mit den Worten des heiligen Augustinus aus den »Bekenntnissen« möchte ich schließen:

Ich rufe dich an, mein Gott, mein Erbarmen, der du mich erschaffen und meiner nicht vergessen hast. Ich rufe dich in meine Seele hinein, die du durch das Verlangen, das du ihr einflößt, fähig machst, dich aufzunehmen. Denn ehe ich war, warst du. Ich war aber nicht so, daß ich durch dich zu werden verdient hätte. Und siehe, nun habe ich doch das Dasein infolge deiner Güte, die meiner Erschaffung und der Materie, aus der du mich erschaffen, voranging. Denn du hast meiner nicht bedurft, noch bin ich ein solch hohes Gut, daß du, mein Herr und mein Gott, von mir Nutzen hättest. Und doch soll ich dir dienen und dich ehren, damit es mir wohlergehe durch dich, der mich erschaffen hat als ein Wesen, dem es wohlergehen soll. Darum, o Herr und mein Gott, schenke uns nun auch den Frieden, denn du kannst ja alles uns geben. Schenke uns den Frieden der Ruhe, den Frieden des Sabbats, des Sabbats ohne Abend. Denn diese ganze wundervolle Ordnung all der Dinge, die du selbst »sehr gut« nanntest, wird vergehen, wenn sie das ihr gesetzte Maß erfüllt hat. Sie hat ja dann ihren Morgen und ihren Abend gehabt. Der siebente Tag aber hat keinen Abend und keinen Niedergang, weil du ihn geheiligt hast, auf daß er immerdar dauere. Dann wirst du auch so in uns ruhen, wie du jetzt in uns wirkst, und so wird jene Ruhe deine Ruhe in uns sein, wie unsere Werke hienieden deine Werke sind durch uns. Du aber, Herr, wirkest immerdar und ruhest immerdar. Du siehst nicht die Zeit und bewegst dich nicht in der Zeit und ruhest nicht in der Zeit, und doch bewirkst du das Erkennen, die Zeit selbst und die Ruhe am Ende der Zeit.

UNTER DEM NAMEN DER LIEBE

[20] Und es kehrten die Hirten zurück, verherrlichend und lobend Gott ob allem, was sie gehört und gesehen, wie es gesagt worden war zu ihnen. [21] Und als acht Tage sich erfüllt hatten zu seiner Beschneidung, da ward sein Name »Jesus« gerufen, so gerufen vom Engel vor seiner Empfängnis im Mutterleib.

Lk 2, 20–21

Überall auf der Welt findet man einen alten Brauch, wonach ein neugeborenes Menschenkind, kaum auf die Welt gekommen, von den eigenen Eltern in das Heiligtum gebracht wird, um der Sphäre des Göttlichen übergeben zu werden. Es ist eine tiefe Weisheit, die dieses Brauchtum durchzieht. In keinem Moment des Lebens scheint ein Mensch mehr seinen Eltern zu gehören als im Augenblick seiner größten Hilflosigkeit und im Moment der tiefsten Dankbarkeit der Eltern selber. Es ist in dieser Zeit, daß Vater und Mutter nicht nur sich verantwortlich fühlen für das Neugeborene, sondern in ihm selber die Erfüllung und den Reichtum, ja den ganzen Sinn ihres eigenen Daseins versammelt sehen. Es ist schmerzhaft, aber nötig und richtig, daß gerade in dieser Zeit die Religion fast aller Völker verfügt, das eigene Kind abzugeben an eine unsichtbare Macht, der wir uns in Wirklichkeit verdanken und deren Mittel wir einzig sind, auch als Vater und Mutter. Nie sind wir Herr des Lebens, nur seine Diener.

Ein jeder Mensch aber gehört nicht einem anderen Menschen, sondern er ist Gottes Eigentum. Sehr schön drückt sich dies darin aus, daß wir im Christentum ein Kind in die Kirche tragen, um ihm dort seinen wirklichen Namen zu geben. Wir verbinden damit die Vorstellung einer zweiten Geburt, die aus einem Menschen, der natürlicherweise zur Welt gekommen ist, ein Kind Gottes macht. Im Grunde drücken wir damit aus, was diese Geschichte von der Namengebung Jesu im Tempel von Jerusalem als heilige Legende erzählt, was wir aber als gültig für jedes Menschenleben unbedingt glauben dürfen und müssen: Eigentlich weiß nur Gott um unser wirkliches Wesen, und nur er besitzt die Kenntnis unseres eigentlichen Namens; ihn finden wir am Ort des Heiligtums selber, und dort lernen wir ihn auszusprechen, so daß er für ein ganzes Menschenleben gilt. Deshalb erzählen die Mythen überall auf der Welt, daß es einer besonderen Kundgebung eines solchen heiligen Namens bedürfe, geschehend durch Träume, Engelbotschaften, Offenbarungen vielerlei Art, und es sei die Kunst unseres Lebens, zu hören, welch ein Name dem anderen zukommt.

Wie hört man die Botschaft eines Engels von dem Namen eines anderen Menschen? Wir leben heute in einem Kulturkreis, der noch geprägt ist durch den Stil der alten Römer. Sie waren ein praktisches Volk, und sie nannten ihre Kinder, wie sie grade kamen, durchnumeriert von Eins bis Zehn: Primus, Secundus … Decimus. Das war praktisch und illusionslos; es sollte überhaupt nicht der Anspruch gestellt werden, irgendein Name verkörpere etwas Wesentliches; lediglich der Stellenwert in der Reihe der Reproduktion sollte betitelt werden. Wenn wir heute Namen geben, stammen sie nicht selten aus der Disco- und Glamourwelt. Es ist, wie wenn die Kinder, die in die Welt kommen, die Hoffnungen ihrer Eltern auf Erfolg und Schönheit und Einfluß repräsentieren und mindestens ein bißchen Starruhm und einen Abglanz eines Himmels aus verdampftem Eis und Glitzerlichtern auf den Bühnen dieser Welt verkörpern sollten. Bliebe es dabei, so wären wir bestimmt, kaum daß wir das Licht der Welt erblicken, in einer Scheinwelt des Rummels und des Betriebes zu verlöschen. Es ist heute wichtig, daß wir uns an einen Erfahrungsraum erinnern, in dem es Gott allein und den Erfahrungen unserer Träume vorbehalten war, zu wissen, wie ein Mensch heißt. Es ist noch so etwas wie eine Erinnerung an den Menschheitsanfang, als Adam im Paradies, wie ohnmächtig schlafend, aus Sehnsucht nach der Liebe von einem Menschen träumte, der ihm begegnen müsse, um sein Leben gut und glücklich zu machen. Als Gott ihn dann weckt und er den Partner seiner Liebe findet, gibt er ihm zum erstenmal einen gültigen Namen. So verdichtet, aus der träumenden Poesie der Liebe, erfinden wir Namen der Zärtlichkeit für einander, Tausende oft, sehr private und intime, nicht bestimmt für die Ohren der Öffentlichkeit, und sie alle sind nur ein Suchen nach dem einen wahren Namen Gottes, den wir ein ganzes Leben lang oft nicht finden und nicht kennen können. Dennoch ist die Liebe stark genug, den Namen des anderen so auszusprechen, daß er wie eine magische Formel die ganze Welt zu verändern vermag und ihr ein geheimes Zentrum verleiht, zu dem alle Wege hinführen. Es ist, daß wir einen solchen Namen immer wieder aussprechen müssen wie eine nicht endende Litanei, wie etwas, das in sich heilig ist und uns segnet. Denn unter dem Namen der Liebe beginnen wir alle Dinge ringsum anders zu benennen und überhaupt erst wirklich zu begreifen. Alles, was uns sonst begegnet, ist so zufällig, so beliebig, es könnte sein oder auch nicht, wir würden es nicht vermissen, es ist nicht wesentlich. Allein die Liebe führt uns zu dem Punkt, da wir begreifen: Diesen einen Menschen und folglich alles andere, das gesamte Konzert der Sterne und des Weltalls muß es geben, denn ohne all dies wäre jenes, dieser eine Mensch mit seinem Namen, nicht. Die Liebe führt uns an den Punkt, da wir beginnen, alles zu verstehen; denn wir begreifen mit einemmal die Kraft, der wir in Wahrheit alles verdanken, und die Macht, daß unser Lebensraum so etwas ist wie ein unvergängliches Heiligtum.

Vielleicht hat die Ostkirche die Feier des Namens Jesu am tiefsten verstanden. Sie hat eine Gebetsform entwickelt, die nur darin besteht, bis zur Erschöpfung, bis zum Ohnmächtigwerden, bis zur Bewußtlosigkeit immer wieder aus dem Herzen sprechend den Namen Jesu zu sagen, bis daß es einschwingt wie ein Gesang, der uns mit allem verbindet. Denn so glauben wir Christus als den Ort, an dem wir am tiefsten und klarsten zu begreifen vermögen, wer Gott ist und wer wir selbst sein dürfen – ein Ende aller Angst, der Beginn einer Hoffnung, der Anfang unserer wirklichen Würde. Darum der Retter aus Menschenfurcht, Entfremdung, Demütigung und Erniedrigung, ein aufstrahlendes Licht aus der Höhe mitten im

Dunkel dieser Erde. Jesus, Retter, soll sein Name sein, sprach der Engel, noch ehe er im Schoß seiner Mutter empfangen wurde. Längst ehe es uns gibt, hat Gott eine bestimmte Vorstellung, einen Plan mit uns. Es ist das Thema unseres Lebens, mit dem er uns beauftragt, in diese Welt zu gehen.

Jetzt am Beginn des neuen Jahres mögen wir uns fragen, was eigentlich neu ist dadurch, daß einmal die Uhr Zwölf geschlagen hat. Nichts ist wirklich neu. Aber etwas Wunderbares wäre es, wenn wir uns vertiefen in das Geheimnis des Lebens eines anderen. Es gibt unendlich viel Neues, längst schon Bekanntes und dennoch Großartiges, so nie Gesehenes zu entdecken, und je mehr wir's vermögen, desto mehr ändert sich die Welt, erneuert sie sich und blüht auf wie eine Blume im Morgenrot. Den Segen Jesu, unseres Retters, über das ganze Jahr wünschen wir einander an diesem Morgen.

Licht, das im Dunkeln scheint

1 Am Anfang steht worthafter Geist.
Denn worthafter Geist geht nach Gott.
Gott selber ist worthafter Geist.
2 Von Anfang an geht er nach Gott.
3 Alles entsteht nur durch ihn,
und ohne ihn entsteht gar nichts.
Was immer entsteht,
4 ist Leben durch ihn.
Leben – das ist der Menschen Licht.
5 Das Licht scheint im Dunkeln,
doch das Dunkel begreift's nicht.
6 Da ward ein Mensch, ein Gottgesandter, geheißen Johannes.
7 Der kam zum Zeugnis,
Zeugnis zu geben vom Licht.
Alle sollten darauf vertrauen – um seinetwillen.
8 Er selber war nicht das Licht,
er war, das Licht zu bezeugen.

9 Worthafter Geist, der ist das Licht,
das einzig wahrhaftige,
das jeden Menschen erleuchtet,
indem es eingeht in diese Welt.
10 Er ist in der Welt,
durch ihn gibt es die Welt,
doch die Welt kann ihn nimmer erkennen.
11 In das, was er selber ist, kommt er,
doch obwohl sie er selbst sind,
begreifen sie's nicht.
12 Doch die ihn ergreifen,
denen schenkt er die Freiheit,
Gottes Kinder zu werden,
denen, die glauben an seine Art,
13 die nicht als Erzeugnis des Blutandrangs sind, –
die »Natur« hat's gewollt, –
der Mann hat's gewollt, –
sondern von Gott her.
14 Der worthafte Geist ward selber »Natur«,
er schlug sein Zelt auf, – in uns,
daß wir seine Herrlichkeit schauten,
herrlich, weil einzig stammend vom Vater,
erfüllt mit Gnade, mit der Unverborgenheit Gottes.
15 Johannes bezeugt ihn nur.
Laut und deutlich hat er gesagt:
Der ist's ja, von dem ich gesprochen:
Der nach mir kommt, ist mir zuvor;
denn er ist der Ursprung, nicht ich.
16 Ja: aus seiner Fülle empfangen wir alle
Gnade um Gnade.
17 Denn: das Gesetz ward durch Mose gegeben;
die Gnade, die Unverborgenheit Gottes ward durch Jesus Christus.
18 Gott hat niemand jemals gesehen.
Der einzig Gottgeborene,
dessen Sein hingeht zum Erbarmen des Vaters,
der ist die Deutung.
Joh 1, 1–18

Man kennt die Mühe, die GOETHES »Faust« überkommt, als er die Worte aus dem Johannesevangelium übersetzen will: »Im Anfang war das Wort.« »Ich kann das Wort«, denkt Faust, »so hoch unmöglich schätzen, ich muß es anders übersetzen, wenn ich vom Geiste recht erleuchtet bin. Geschrieben steht: im Anfang war der Sinn.« Aber dann überlegt er: »ist es der Sinn, der alles schafft? Es sollte stehen: im Anfang war die Kraft.« Aber so kann es auch nicht heißen; eine rohe Energie für sich allein ist niemals schöpferisch; da endlich weiß sich Faust doch Rat und schreibt: »Im Anfang war die Tat.« – Das dichterische Genie GOETHES rät bei diesem Übersetzungsvorschlag gar nicht so falsch. Denn wirklich meint die Bibel, wenn sie vom »Worte Gottes« spricht, nicht bloß Rede, sondern Schöpfung und Tat. So wie das Wort eines Königs in sich selbst ein entscheidendes *Handeln* darstellt – was er sagt, schafft eine neue Wirklichkeit –, so wie das Wort eines obersten Richters, in Vollmacht gesprochen, indem es den Sinn eines Gesetzes verkündet, Realität *setzt,* so wird, wenn Gott spricht, mit höchster Kraft, geleitet von Vernunft und Sinn, etwas an Wirklichkeit in diese Welt hineingesetzt: daß wir leben, weil Gott gesagt hat, daß es so sein soll, – *das* heißt: *»Im Anfang war das Wort«. Johannes* denkt dabei, wie GOETHE meinte, gewiß auch an Kraft und Tat und Weisheit Gottes. Doch eben darin liegt ein erstes Problem. Was heißt: *im Anfang?* Wir hören dieses Wort als eine Erklärung über den Anfang der Welt. Wir hören das Wort »Anfang« als Beginn in der Zeitreihe. In Wirklichkeit redet das Johannesevangelium zwar griechisch, aber es denkt semitisch, und das heißt: völlig unphilosophisch, oder wenn schon philosophisch, dann existentiell. Seine Frage ist nicht, wie die Welt entsteht, sondern woraus wir selber leben. Welch einen Grund wir unter den Füßen haben, um zu sein – das möchte *Johannes* beantworten; was uns *wesentlich, zu* aller Zeit, grundlegend trägt, das nennt er den »Anfang« im Sinne von Ursprung und Halt. Wesentlich lebten wir einzig aus dem Wort Gottes, meint er (vgl. Mt 4,4).

Den Sinn dieser Aussage versteht man am ehesten, wenn wir uns ihr von der anderen Seite her nähern: wenn wir ausgehen von unserem eigenen armseligen Menschenwort, von der Tatsache, daß wir reden und Sprache verstehen können.

Immer mehr bestätigt sich die Ansicht der meisten Anthropologen, daß nichts uns Menschen so sehr eigentümlich sei wie die Fähigkeit zu sprechen. Essen, schlafen, kämpfen, träumen, lieben, hassen, sich erinnern – all das können in analoger Weise Tiere auch; sogar arbeiten, nachdenken, lernen und erfinden sind Tätigkeiten, die sich in etwa auch im Tierreich beobachten lassen. Das einzige, was kein Tier kann, was uns von allen Lebewesen der uns bekannten Welt wesentlich unterscheidet, ist das Sprechen. Worte zu formen, die etwas bezeichnen, Laute zu bilden, die einen unsichtbaren Gegenstand vertreten, diese Fähigkeit besitzen nur wir Menschen; sie erst macht uns zu dem, was wir sind.

Manchmal erleben wir, staunend und erleichtert, mitten im Alltag noch einmal nach, wie ein Wort uns vermenschlicht. Ein Tier, wenn es Angst hat, kann schreien oder fliehen; wir Menschen können uns hinsetzen und sprechen; wir können die Gründe unserer Angst zur Sprache bringen, lallend und stockend oft, und doch beruhigend und klärend. Wie in den Anfangstagen der Menschwerdung, als vor vielen Jahrhunderttausenden jedes neu entdeckte Wort wie eine magische Formel zur Verzauberung der Dinge, zur Milderung ihrer Unheimlichkeit, zu wirken vermochte, so erleben wir, daß wir der Angst Herr werden können, wenn wir ihre Stimmungen in Worte fassen und das sonst Unfaßbare aussprechen. Indem wir es sagen, erleben wir, wie mit jedem Wort der Abgrund der Angst ein Stück weit sich schließt und die Dinge wieder näher an uns heranrücken. Nur die Welt, für die wir Worte haben, ist uns wirklich vertraut; nur sie nimmt uns auf und gibt uns das Gefühl, in ihr zu Hause zu sein. Nur was wir *sagen* können, ist uns nicht unheimlich.

Ein Tier, wenn es gereizt wird, faucht, knurrt oder bellt. Wir Menschen können sagen, was uns stört. Uns müssen die Emotionen nicht fortreißen; wir können ein Gespräch beginnen, und mit jedem Worte merken wir, wie der Andrang der Gefühle sich beruhigt, wie der Schwall der Stimmungen sich verläuft und wie allmählich Übersicht und Nüchternheit zurückkehren. Nur das, was wir besprechen können, wird für uns beherrschbar, so daß wir schließlich nicht nur reden, sondern sogar hören können.

Vielleicht ist kaum eine Entdeckung des 20. Jhs. deshalb so wichtig geworden wie die Entdeckung der Psychotherapie, daß Menschen krank werden können, ja, müssen, wenn ihnen für die eigenen

Gefühle, für den Reichtum der eigenen Bilder Worte fehlen oder wie mit Absicht entzogen werden, und umgekehrt, daß sie oft nur gesund werden können, wenn sie lernen, von dem zu sprechen, was sie eigentlich wissen, was aber doch erst bewußt zu werden vermag, wenn die Erlaubnis gegeben wird, es ins Wort zu setzen. Um Menschen zu heilen, kommt es entscheidend darauf an, die so peinlich gehüteten und vor unserem eigenen Ich so wohl versteckten Empfindungen und Neigungen aussprechbar zu machen, indem man das seit jeher Unaussprechliche mit Wortvorstellungen verbindet. Doch dazu müßte man die Angst vor Spott und Verurteilung überwinden durch ein tieferes Vertrauen: Es wäre nicht nötig, ganze Teile unserer Seele zu verdrängen, wenn es gelingen könnte, das ehedem peinlich Gemiedene zu verworten und ins Gespräch zu bringen.

Anhand der Lebensbeschreibung eines blinden und taubstummen Mädchens an der Wende zum 20. Jh. läßt sich verdeutlichen, was es bedeutet, zum ersten Mal die Fähigkeit der Sprache zu entdecken. Oft schon hatte man *Helen Keller* gezeigt, daß bestimmte Bewegungen ihrer Finger ein Wort ergäben, aber sie hatte nie begreifen können, was ein Wort ist. Eines Tages nun machte ihre Lehrerin mit ihr einen Spaziergang, und da ereignete sich in ihrem Bewußtsein das Geheimnis der Sprache. »Sie brachte mir den Hut«, liest man in ihren Erinnerungen von 1902, »und ich wußte, daß ich in den warmen Sonnenschein hinausgehen würde. Dieser Gedanke, wenn man eine wortlose Empfindung überhaupt so nennen darf, ließ mich vor Vergnügen hüpfen und springen. Wir gingen den Pfad zum Brunnenhaus hinunter, angezogen vom Duft des Geißblattes, mit dem es überwachsen war. Jemand pumpte gerade Wasser, und meine Lehrerin hielt meine Hand unter den Strahl. Als der kühle Strom über meine Hand floß, schrieb sie in die andere das Wort Wasser, erst langsam, dann schnell. Ich hielt still, meine ganze Aufmerksamkeit konzentrierte sich auf die Bewegung ihrer Finger. Plötzlich empfand ich ein nebelhaftes Bewußtsein wie von etwas Vergessenem – den Schauer eines wiederkehrenden Gedankens, und irgendwie offenbarte sich mir das Mysterium der Sprache. Da wußte ich auf einmal, daß W-a-s-s-e-r jenes wunderbare kühle Etwas meinte, welches mir über die Hand floß. Dieses lebendige Wort erweckte meine Seele, schenkte ihr Licht, Hoffnung, Freude und machte sie frei! Es gab zwar noch

Schranken, aber die ließen sich mit der Zeit beseitigen. Ich verließ das Brunnenhaus voller Lerneifer. Jedes Ding hatte seinen Namen, und jeder Name gebar einen neuen Gedanken. Als wir nach Hause zurückkehrten, schien jedes Ding, das ich berührte, vor Leben zu zittern. Das rührte daher, daß ich alles mit dem seltsamen neuen Sehvermögen, das mir zuteil geworden war, sah.«

Es ist die gleiche Entdeckung, die vor 300 000 Jahren oder mehr, auf der Stufe des homo erectus vielleicht schon, unsere Vorfahren gemacht haben, als sie, vermutlich einen magischen Gegenstand (eine Feuerstelle, einen Baum, eine Quelle, eine Stoßlanze) umtanzend und dabei ekstatisch lallend, herausfanden, daß sie die gleichen Empfindungen von Rausch und Wonne auch ohne ihren fetischähnlichen Kultgegenstand durch einen bloßen Laut, der ihn bezeichnet, jederzeit *wieder*holen konnten; daß alle Dinge zu uns in eine innige Beziehung treten und zu uns gehören, wenn wir ein Wort für sie in uns tragen, das wir zu Gehör bringen können; daß sie sich uns aufschließen und mit uns zu reden anfangen, wenn wir sie benennen und ihnen einen Namen geben. Alles wird für uns »ansprechend«, wenn wir beginnen, in menschlichen Worten die Dinge auszusprechen. Keine Erfindung am Anfang der Menschheit dürfte grundlegender und folgenreicher gewesen sein als die Entdeckung der Sprache. Selbst heute, wo wir als Erwachsene über ein vollständiges, unsere individuelle Vernunft weit übersteigendes, hochgradig geordnetes und sinnreiches System von Sprache verfügen, benötigen wir viele Monate, um ein Neugeborenes in den Stand zu versetzen, sein Plappern und Lallen zu festgelegten Lauten mit einer festgelegten Bedeutung im Rahmen festgelegter Regeln zu formen. Erst dann kann ein neugeborenes Menschenkind als ein wirkliches Mitglied der menschlichen Gesellschaft betrachtet werden, erst dann beginnt es wirklich zu *sein.*

Vor diesem Hintergrund ist der Gedanke des Johannesevangeliums ungeheuerlich: *»Im Anfang war das Wort.«* Es ist eine Weltsicht, wie sie in dieser Weise nie bestanden hat, vor allem, wenn *Johannes* noch hinzufügt: *»Und Gott war das Wort.«* Schon in unserem eigenen kleinen Leben fällt es uns unglaublich schwer, so zu denken: alles, was uns umgibt, sei wie ein Wort Gottes an uns, in allem spreche Gott zu uns, in allem lebe ein Stück seines Geistes. Allenthalben stehen wir in der Gefahr, aus lauter Angst Bereiche der Wirklichkeit zu verdrängen, aus Ekel zu fliehen oder aus Scham zu verschweigen, – ihnen gewissermaßen also das Wort zu verbieten. Und nun gar zu denken: alles in der ganzen Welt existiere überhaupt nur, weil Gott es selbst zur Sprache habe bringen wollen! Nichts sei in sich dem menschlichen Begreifen verschlossen, nichts in sich dämonisch, nichts an und für sich geistlos oder stumpf, im Gegenteil, alles, was existiere, sei innerlich worthaft und erfüllt von Geist und Leben! Doch gerade das meint *Johannes,* wenn er sagt: *»Nichts, was geworden, ward ohne das Wort.«* In jedem Ding liege etwas, das Gott uns zu sagen habe. Die Folgen allein dieser Aussage, macht man sie sich zu eigen, sind enorm.

Es ist, wie wenn *Johannes* mit diesem Gedanken all die sonstigen philosophischen oder mystischen Welterklärungsversuche durch eine gewissermaßen poetische Weltsicht ergänzen oder gar ersetzen wollte. Indem *Johannes* uns beschwört, zu glauben, nichts an Geschaffenem sei außerhalb des Wortes Gottes selbst entstanden, möchte er, daß wir ein Stück weit lernen, diese Welt zu sehen nach der Weise der Dichter. *»Im Anfang war das Wort«* bedeutet gerade nicht, von allem in der Welt auf eine Weise zu reden, daß es uns immer ferner rückt, daß es zu einem Objekt der Erkenntnis eingefroren wird, daß es zu einem Lupen- und Seziergegenstand herabfällt, sondern gerade umgekehrt, daß alles, was uns umgibt, sich beseelt, so als trüge es uns selbst mit unseren Gefühlen, unseren Sehnsüchten in sich und redete auf eigene Weise unsere Sprache; mehr noch, als lebte etwas in ihm, das Gott uns zu sagen hätte in unseren eigenen Worten. Und so ist es in der Tat.

In den Jahrmillionen, da unsere menschliche Seele wurde, ist all das, was wir Schöpfung nennen, zu einem Bild geworden, um uns selbst zu finden. Wir brauchen nur die Dinge der Welt zu benennen, und wir sprechen die Sprache der ewigen Poesie, einer unsterblichen Dichtung. *Sterne* sind für ein dichtendes Gemüt keine explodierenden Wasserstoffusionsreaktoren, wie wir sie in Physik und Astronomie kennenlernen, mythisch sind sie seit Urzeit Bilder von Bewußtwerden und Sehnsucht, von Traum und Himmel, von Leben und Tod, von der Überwindung unserer Sterblichkeit. Der *Mond* ist nicht einfach ein Körper am Firmament, womöglich zeitgleich aus dem Staub des Kosmos gebildet mit unserer Erde, er ist für unser träumendes Fühlen eine Lichtquelle des Liebens, des Hoffens, des Wahrnehmens in eigentümlich verschwimmenden Formen, Ursprung des Rauschens von Ebbe und Flut am Gestade des Meeres wie in unserem Herzen, der Unruhe wie der Beruhigung unserer rastlosen Seele. Und so quer durch das All: ob die Bäume, das Wasser, die Höhlen, die Meere – in allem leben wir selber; alles, was ist, redet die Sprache der Ewigkeit hinein in unser Leben, ist ein *Wort Gottes* und nie nur »Begriff«, viel eher eine Einheit aus Malerei und Musik, aus Bild und Ton, also eine Aufforderung, das Sprechen noch einmal ganz anders zu lernen. Die Frage freilich ist dann erlaubt: Wo nur verfügen wir Heutigen in unserer Kultur und in unserer Zeit über eine Sprache, die »magisch« genug ist, um religiös zu sein, die so zauberhaft eigenes Erleben verdichtet, daß der Himmel die Erde berührt, die Bilder der Vorstellung freisetzt und ein Stück der Musik der Welt in unser Leben zurückträgt? *So* aber müßten wir sprechen lernen, um Menschen zu werden, um uns selbst als »begründet« zu erleben.

Der Unterschied ist deutlich. Was haben wir Menschen nicht alles unternommen, um herauszufinden, welch einem Sinn oder Zweck bestimmte Erscheinungen der Natur wohl dienen könnten, und doch sind wir dabei niemals viel weiter gekommen, als daß wir bestimmte allgemeine Gesetzmäßigkeiten hätten formulieren können, im 19. Jh. etwa den Satz von der Erhaltung der Energie oder die anderen Hauptsätze der Thermodynamik. Trotz all dieser Theoreme sind wir indessen außerstande, einen wirklichen Grund für die Existenz eines Kieselsteins am Bachbett, eines Dinosaurierskeletts im Museum oder einer Platane im Stadtpark zu geben. Gewiß, wir können bestimmte zufällige Ursachenkombinationen dafür aufzählen, warum es etwas gibt; aber die einfache Umkehrprobe zeigt, daß wir nicht glauben dürfen, auf diese Weise die Existenz des Kiesels, des Dinosaurierskeletts oder der Platane begriffen zu haben: Wenn es all diese Dinge nicht gäbe, kämen wir niemals darauf, daß es sie geben *müßte!* Die Dinge haben in diesem Sinne keine *notwendigen* Ursachen, die sie hervorgebracht hätten; mit ihnen ist kein erkennbarer Zweck verbunden, für den sie schlechthin existieren müßten. Wohl, bestimmte Bedingungen haben sie ermöglicht; aber daß es sie wirklich gibt, – das bleibt für uns ein unlösbares Rätsel.

Gleichwohl ziehen die Dinge uns gerade deshalb nur noch mehr in ihren Bann und lassen uns nicht los. Immer von neuem müssen wir sie bedenken, beschreiben und zu erfassen versuchen, und hier entsteht der eigentliche Ort *der Dichtung.* Die naturwissenschaftliche Formel, das Gesetz, erklärt niemals die Existenz oder die Eigenart des Einzelnen. Allein die Poesie vermag ein einzelnes Wesen als *in sich notwendig* auszusprechen; erst wenn *ein Dichter* einen Kiesel beschreibt, wie er silbern schimmernd am Flußufer liegt, wie ihn die Wellen umspülen und mit der geduldigen Sanftmut von Jahrtausenden glätten, wie er mit undurchdringlicher Selbstverständlichkeit einfach da liegt und *ist,* verlieren unsere Fragen nach Ursache und Zweck ihren Sinn, und wir beginnen, an die unabdingbare Notwendigkeit gerade dieses Kiesels zu glauben. Für jeden beliebigen anderen Kiesel mag nach wie vor zutreffen, was Geologie und Chemie von ihm sagen: er sei ein Silikatgemisch von bestimmter Menge, Zusammensetzung und Größe; aber von einem Kiesel, den wir durch die Worte eines Dichters kennenlernen, wird das nicht länger mehr gelten; von einem solchen Kiesel wissen wir, daß es ihn geben *muß.* Denn die dichterischen Worte haben den vermeintlich so unscheinbaren Stein in seiner nie geahnten Schönheit offenbar gemacht; fast könnte man sagen, wir hätten ihn liebgewonnen; ja, es würde nicht viel fehlen, und wir müßten für ihn einen *Namen* erfinden, der nur ihm gehört, ist es doch stets eine Beleidigung, etwas mit einem Gattungsbegriff anzureden, das eine individuelle Seele besitzt und schon deshalb eine eigene Bezeichnung verdient, so wie absichtlich ein Lehrer ein Kind in der Schule manchmal nicht mit seinem Vornamen anredet, sondern ihm zuruft: »Mensch, paß auf«, eben um es zu kränken. Die frühesten Worte der Menschheit dürften *Namen* gewesen sein, Benennungen, die jedem Dinge sagen wollten: »Ich kenne dich; du gehörst zu meinem Leben; du bist *mein* Baum, *mein* Stein, *mein* Blatt, du trägst *meinen* Namen; und daher weiß ich, daß es dich geben *muß;* für *mich* muß es dich geben.«

»Und nichts, was geworden, ward ohne das Wort«, – nach diesem Satz einer ganz und gar poetischen Weltsicht ist Gott wie ein umfassender, alles umgreifender *Künstler,* der seine Freude daran hat, jedes einzelne Wesen für sich zu beschreiben und es gerade damit als in sich wichtig, ja, in gewissem Sinne als notwendig zu erweisen. Es

ist eine Formel zwischen der abstrakten Geistigkeit etwa der Gesetzmäßigkeiten und Notwendigkeiten der Naturwissenschaften, in denen das Einzelne als unbedeutend untergeht, und der geistlosen Zufälligkeit des nur Individuellen, das sich jeder allgemeingültigen Erfassung und Begreifbarkeit entzieht. *Johannes* meint, es sei der letzte Grund der Dinge, daß Gott mit ihnen spricht beziehungsweise daß Gott selber sich in ihnen ausspricht; die einzige Antwort auf die zahllosen Rätsel und Schrecken der Natur liege in dem Gedanken eines ewigen Zwiegesprächs Gottes mit seinen Kreaturen in ihren zahllosen Unbegreifbarkeiten und wunderbaren »Spielen«. Welch eine andere Antwort sollte man auch sonst auf diese Frage finden können, warum es den ganz unglaublichen Phantasiereichtum der Schöpfung gibt?

Manche Naturforscher meinen, der Sinn der Evolution liege darin, so viel an Möglichkeiten zu realisieren, wie es nur irgend gehe; in jedem Lebewesen, von den Seerosen bis zu den Makaken, sei ein Drang angelegt, sich so vollkommen zu entfalten und auszureifen, wie es die Umstände gerade noch gestatteten. Auskünfte dieser Art, so nüchtern sie anmuten, rühren doch unmittelbar an die poetische Weltsicht des *Johannes,* an das Geheimnis allen Schöpfertums und an die Quelle aller Phantasie; sie sind nicht weit entfernt von dem Satz aus Ps 104,26, daß Gott die Meeresungeheuer geschaffen habe, um über sie zu lachen.

Ein Denken ausschließlich nach Ursachen und Zwecken wird in seiner humorlosen Starrheit der Natur offensichtlich nicht gerecht. Aber der Gedanke des *Johannes* ist bestechend: alle Dinge in der Welt seien mit den Augen eines Künstlers zu betrachten, bis daß wir sie in ihrer Schönheit und Harmonie als vollendete Kunstwerke zu erfassen vermöchten, und selbst dann, wenn dies unserem begrenzten Geiste niemals gelingen könnte, dürften wir doch glauben, daß an sich alles, was existiert, fähig zur Dichtung sei, offen zum Wort hin, ein möglicher Ursprung schöpferischer Freude. Ein jedes Ding, so betrachtet, sei *notwendig,* es sei fortan nicht wegzudenken, so wenig wie die kleine Zugbrücke von Langlois oder das Café von Arles, wenn es erst einmal ein van Goch gesehen und gemalt hat. *Alles* muß sein, wenn Gott selbst es durch sein schöpferisches Dichterwort gestaltet hat.

Schaut man genau hin, so geht es niemals nur um eine Art Rechtfertigung des Seins durch eine »Kunstanschauung« aller Dinge, es geht in Wirklichkeit um Religion. Nichts in unserem Leben läßt sich verstehen, solange wir es allein nach den Kategorien von Zweck und Ursache abhandeln. Im Grunde entspricht uns einzig eine existentielle Poesie der Liebe: man steht einem fremden Dasein gegenüber und weiß doch genau, daß hier etwas Einmaliges, etwas absolut Vertrautes und wesenhaft Verwandtes uns gegenüber steht, das wir in immer neuen Bemühungen zeichnen und beschreiben müssen, um es zu verstehen.

Wer ist der andere wirklich?

Wir sehen die Schönheit seiner Gestalt, wir vernehmen den Klang seiner Stimme, wir versuchen den Gehalt eines flüchtig dahingeworfenen Wortes zu erfassen, und all diese Bemühungen gelten einzig dem Ziel, uns seiner Einmaligkeit und unwiederholbaren Notwendigkeit zu versichern, so als müßten wir es erst langsam lernen, seinen Namen mit allem Liebenswerten anzufüllen. Wie in einer nicht endenden Litanei müssen wir den Namen des anderen liebend wiederholen, denn nur in diesem Namen können wir das Wort erleben, das Gott sprach, als er den anderen erschuf und mit ihm zugleich die ganze Welt.

Das muß es heißen, wenn *Johannes* sagt: *»Nichts, was geworden, ward ohne das Wort.«* Es drückt die Überzeugung von der prinzipiellen Liebesfähigkeit und Liebenswürdigkeit aller Dinge aus, und ganz besonders sagt es uns, daß wir mit unserem Leben im Grunde einer uns zwar noch nicht wirklich bekannten, aber doch sich vollendenden Dichtung beiwohnen. Mag sein, wir wissen ganz und gar nicht, was ein Leben wie das unsere für einen Sinn oder für eine Bedeutung haben soll; mag sein, wir sind im Gegenteil fest davon überzeugt, daß wir mit unserem Dasein eigentlich vollkommen überflüssig oder jedenfalls gänzlich unbedeutend sind; gleichwohl versucht doch dieser Anfangssatz aus dem Johannesevangelium uns dessen zu versichern, auch über unser Leben habe Gott ein ganz bestimmtes Wort der Poesie, der Liebe und der Weisheit ausgesprochen, und nur um dieses Wortes willen seien wir wirklich auf der Welt.

Vielleicht gibt es in der Literatur der Gegenwart keine Stimme, die so eindringlich wie die des mundtot gemachten Propheten und christlichen Dichters Alexander Solschenizyn reden könnte über den Grund, aus dem wir leben, fragt der russische Dichter doch gerade in seinem Roman *Die Krebsstation* selber einmal, was das sei, die Quelle, aus der heraus wir uns vollziehen. Eine der Hauptgestalten seines Romans ist Efrem, der genau weiß, daß er zu Tode erkrankt ist. Dieser Mann hat ein kleines Bändchen von Geschichten Leo Tolstojs in die Hand bekommen; die liest er, darunter eine Erzählung mit dem Titel *Wovon die Menschen leben;* und diese Frage läßt ihn nicht los; er gibt sie weiter an seine Zimmernachbarn: »Du, wovon lebst du?« fragt er. Und der eine antwortet: »Halt's Maul, Mensch; von Brot und Wodka.« So hätte Efrem auch gedacht, vor einer Weile noch: Leben, das ist am Leben bleiben, so gut es irgend geht, und die Fragen darüber wegzuspülen, sie zu vergessen ... Aber er fragt weiter, *es* in ihm fragt weiter: »Wovon lebst du?« Und ein anderer, ein junger Physiker, sagt, er wolle noch eine bestimmte Isotopenverbindung in bestimmten Mineralien finden. Das ist nicht gleich: *woraus* Menschen leben, aber doch ein Grund, *wofür* sie leben. Efrem findet, daß die Antwort irgendwie etwas taugt, aber nicht für ihn. Er ist kein Physiker, er ist kein Geologe. Also fragt er den dritten, und der, wie wenn er im Bett unter der Decke die Hacken zusammenschlüge, antwortet: »Für die Partei.« – »Du Dummkopf!« murmelt Efrem; allein gelassen schaut er zurück in das Bändchen Tolstojs. Dort steht: »Die Menschen leben von der Liebe.« Und das ist bitter wahr. *Bitter,* weil Efrem durchaus weiß, daß seine Frau Apollina, wenn sie Birkenschwämme sammeln ginge, vielleicht noch sein Leben retten könnte – die Ärzte haben so etwas gesagt –, aber seine Frau, nur schon wenn er zu ihr kommen würde, sammelte keine Birkenschwämme, sie würde einen Scheuerlappen holen und ihn zur Tür hinausjagen; – so hat er sie behandelt! »Die Menschen leben von der Liebe«, das ist wahr, aber die Antwort kommt zu spät für Efrem, das fühlt er, und daran wird er sterben.

Das eigentlich ist die Antwort, die das Johannesevangelium im wesentlichen geben möchte. Die Menschen leben, aber sie wissen nicht zu leben, es sei denn, sie spürten etwas, das sie nicht sehen. Dieses Unsichtbare gibt ihnen Licht und Mut und Hoffnung; dieses Unsichtbare ist die Barmherzigkeit oder die Güte, dieses Unsichtbare ist die Liebe im Grund aller Dinge.

Niemand nimmt unmittelbar, wenn er die Welt betrachtet, diese Tatsache wahr, so sehr anders erscheint ihm die Wirklichkeit. Ist die Natur, aus welcher wir stammen, nicht von ganz anderen Gesetzen geprägt? Da sind die Menschen, in der Sprache des Johannesevangeliums, das Erzeugnis des Blutandrangs (Joh 1,13) – ein Produkt ihrer Gene, würden wir in der heutigen Biologie sagen, geboren aus der Macht *des Egoismus* der Gene –; die erschaffen sich in dem individuellen Körper eine Überlebensmaschine für ein paar Jahre und bestimmen ihn dazu, sie weiter zu reproduzieren, so zahlreich, als es nur irgend möglich ist. Das ist der Lebensdrang, der *élan vital,* der innere Motor der Natur. Er ist so stark, daß wir Menschen dieser Allmacht der Biologie gegenüber oft genug wie hilflose Marionetten scheinen. *»Die Natur hat's gewollt!«* so sagen die Männer. *»Mein Mann hat's gewollt!«* so sagen die Frauen. Mit Schopenhauer gesprochen, gibt es eigentlich nur einen *blinden Willen,* und auch dieses Wort ist schon eine metaphorische Umschreibung, eine Vermenschlichung für eine Energie, der wir einen »Willen« zusprechen, während sie, ohne irgendein subjektives Gefühl für sich selbst oder für irgend etwas an ihrer Seite zu kennen, sich selber aufführt.

Leben wir *so*, sind wir nichts weiter als Überlebensapparaturen in einer Welt, die uns in absoluter Gleichgültigkeit gegenüber dem individuellen Leben hervorbringt und wieder zurücknimmt. Eine solche Welt ist grausam, und sie erzieht zur Grausamkeit. Denn überleben wollen wir alle; »Kampf ums Dasein« aber, mit Charles Darwin gesprochen, das bedeutet, zu kämpfen um den Platz, an dem man steht. Unter dieser Voraussetzung hat der griechische Philosoph Heraklit so unrecht nicht, wenn er sagt: »Der Krieg – der Kampf, der Gegensatz, die Auseinandersetzung – ist der Vater aller Dinge.« Doch dieser »Vater aller Dinge« hat keine Augen, er hat kein Herz, er hat keine Hände, er hat keinen Mund, und am allerwenigsten hat er Ohren, um die Schreie der Leidenden zu vernehmen. Er ist taub. Er ist nichts als eine gestaltende Kraft in den Dingen, ein »Wollen«, das sich selbst nicht begreift. Und begreifen etwa die Menschen sich in dieser »Welt«?

Schauen wir uns die menschliche Geschichte an, so vermittelt sie kaum einen anderen Eindruck. Es ist, als wenn wir immer noch nach dem Vorbild der Jahrhunderttausende, die uns vorangegangen sind seit der Steinzeit, die Gesetze der Natur abzubilden versuchten in derselben Härte, in derselben Grausamkeit, in derselben Strenge des Widerspruchs, ganz so, als sei »Humanität« nichts weiter als eine kleine, verträumte Insel, die es manchmal wohl auch gibt, zusammengesetzt aus biologisch begründbaren, doch auch menschlich begreifbaren Regungen wie Brutpflege, Partnerschaft, Rangerhalt, Schutz von Schwächeren; – doch das alles verliert sich wie ein Wirbel im Strom; es handelt sich um Gefühlszustände, die sich manchmal wohl unter dem Druck des Fließgleichgewichts des Ganzen einstellen mögen, die aber nach eben denselben Gesetzen sehr bald auch schon wieder sich abstellen werden.

Wie, muß man sich fragen, ist es möglich, in diesen Alptraum des Lebens, in diese Finsternis des Menschlichen, *Licht* und Helligkeit zu bringen? Wie ist es möglich, eine Sicht von den Dingen zu gewinnen, die dem Wort *»Leben«* eine wirkliche Bedeutung verleiht?

An dieser Stelle berühren wir ein Problem, das in der Zeit der Entstehung des Neuen Testamentes, also in den ersten beiden nachchristlichen Jahrhunderten, jene geistesgeschichtliche Strömung zutiefst geprägt hat, die wir bereits unter dem griechischen Namen *Gnosis* (= »Erkenntnis«) kennengelernt haben. Ihren Ausgangspunkt bildete, im Erbe der griechischen Naturphilosophie (oder Naturwissenschaft), die *Fremdheit* des Menschen inmitten der Natur. Gerade diesen Gedanken sollten wir uns noch einmal verdeutlichen.

Die unbestreitbare Leistung der Griechen war es, die Naturabläufe aufgrund von Beobachtung und mathematischer Berechnung bereits vor 2500 Jahren als nach Gesetzen »geordnet« erkannt zu haben. Diese »Ordnung«, dieser »Kosmos«, galt ihnen als Inbegriff der »Welt«. Nicht zweifelhafte, launische Götter regelten fortan das Geschehen der Natur; was es herauszufinden galt, waren quantitative Beziehungen zwischen bestimmten Ursachen und bestimmten Wirkungen, waren die »Anfangsursachen«, die »Prinzipien«, aus denen die Einzelursachen sich ableiten ließen. Dieser Ansatz griechischer Naturwissenschaft war um 500 v. Chr. wohlgemerkt viel weiter entwickelt als um 1500 n. Chr.; – zu rabiat hatte das Christentum die gewonnenen Einsichten zugunsten uralter mythologischer Anschauungen wieder zurückgedrängt; doch läßt sich der »christliche« Widerstand gegen die griechische »Aufklärung« zum Teil gut begreifen. In der Sichtweise der Naturwissenschaft läßt sich (vielleicht) erklären, welche Gesetze der Natur zugrunde liegen, doch so etwas wie »Poesie« oder wie »Liebe« findet man in einer so erklärten Natur gewiß nicht. Eben deshalb mußten alle Versuche der Theologen vom 2. Jh. an bis in die Gegenwart scheitern, Gott aus der »Schöpfungsordnung« zu demonstrieren.

Die »Gnostiker« vor 1800 Jahren formulierten das Problem radikal. Es war in ihren Augen nicht allein die »Kontingenzlücke« aller einzelnen Lebewesen, deren konkretes Dasein durch kein allgemeines »Gesetz« begründbar ist; der eigentliche Widerspruch zu den Vorstellungen speziell der Religion ergab sich für sie vor allem aus der »Lieblosigkeit« der Natur. Es ist dieselbe Frage, die unter dem Begriff der »Theodizee«, der »Rechtfertigung« Gottes angesichts »seiner« Welt, die gesamte Theologiegeschichte der Neuzeit durchziehen wird. Die ebenso ungelöste, wie unlösbare Frage lautet: wie kann ein Gott, der die Weisheit, Güte und Allmacht selbst sein sollte, eine Welt wie die tatsächlich existierende erschaffen – eine Welt voller Drangsal, Qual und Not? Es verhält sich ja keinesfalls so, daß all die Grausamkeiten und Gräßlichkeiten dem Naturverlauf äußerlich oder rein zufällig wären; in den Tagen der Gnosis bereits beginnt man zu ahnen, was sich am klarsten dann in der Mitte des 19. Jhs. bei CHARLES DARWIN aussprechen wird: daß all dieses Furchtbare innerlich in die Gesetze der *Welt* eingeschrieben ist.

Wie der Anblick der Welt auf ein religiös empfindsames Gemüt wirken kann, wirken muß, zeigen in ihrer Sensibilität wohl am eindrucksvollsten die Tagebuchaufzeichnungen der französischen Dichterin MARIE NOËL. In ihren *Erfahrungen mit Gott* (dt. Mainz 1961) persifliert sie einmal auf ihre Weise einen Ausspruch RACINES: »Den jungen Vögeln gibt Gott Nahrung. Und seine Güte breitet sich über die ganze Natur.« Sie schreibt:

»Nimm dich in acht, Mücke, nimm dich in acht! Der kleine Vogel braucht Futter, und der liebe Gott hat dich zu seiner Nahrung gemacht.

Nimm dich in acht, kleiner Vogel, nimm dich in acht! Der Habicht braucht Futter, und der liebe Gott hat dich zubereitet für seine Mahlzeit.

Nehmt euch in acht ringsum, nehmt euch in acht in der Runde: Ein Bauch wartet auf dich, ein Hunger erspäht dich. Nimm dich in acht vor der Erde, nimm dich in acht … und komme dem Himmel nicht zu nahe.

Da ist die Güte Gottes, die den Hunger erschuf und die Beute. Die Güte Gottes, tief und schwarz wie ein Abgrund, der Angst macht.«

Und sie fährt fort:

»Am Tage deiner Geburt hat der Tod mit deiner Belagerung begonnen.

Von allen Seiten hat er dich eingeschlossen. Du hast während einiger Jahre die Belagerung ausgehalten, während du Vorräte hattest und Hilfsquellen, und am Ende –

Der Leib, den du so sehr genährt hast, eines Tages löst er sich auf,

Der Geist, über den du so sehr gewacht hast, eines Tages geht er zugrunde,

Der Tod, den du so oft besiegt hast, eines Abends tritt er ein.«

Ein großer Theologe und Kirchengründer wie der von der »Orthodoxie« konsequent totgeschwiegene, schlechtweg verdrängte MARCION sah sich von gerade diesem Konflikt derartig bedrängt, daß er nicht länger glauben mochte, die Einrichtung der Welt könne von einem »guten« Gott stammen, wie ihn im Neuen Testament Jesus gelehrt habe; viel zu deutlich verrieten die Züge dieser Welt das Bild eines bösen, grausamen Gottes als Weltenbaumeister, als »Demiurgen«. Nach MARCINONS Meinung widerspricht das neue Gesetz der Bergpredigt diametral den Gesetzen der Natur und ebenso den Gesetzen des Alten Bundes. Wie im persischen Dualismus lehrte MARCION *zwei* Götter: einen, der die Welt geschaffen und die »alte« Ordnung erlassen habe, und einen, der als der »Vater« Jesu die Menschen aus dieser Welt herausführen wolle und könne. Nicht in der Welt draußen, nur im Inneren der eigenen Seele, wenn es so steht, offenbart sich der *wahre* Gott. Noch einmal in den Worten der MARIE NOËL:

»Der wahre Gläubige hat keine Fenster.
Er hat sein Licht im Innern. Wenn es anderswo Tag wird, draußen, was weiß er davon? Seine Lampe hat die Welt ausgelöscht.

Ich habe zu viele Fenster geöffnet, den Tag draußen zu sehr geliebt. Diese Seele mit den offenen Fenstern, der Wind und die Sonne trüben in ihr ihre Wahrheit, die flackert, schwankt und schlecht leuchtet …
Aber welche Wahrheit, welcher Stern steht fest? Die Sterne bewegen sich, zittern am Himmel, beben manchmal vor Kälte. Der Stern der Weisen entzog sich ihren Blicken an einer Straßenkrümmung.«

Alles Irdische ist zweifelhaft, es bleibt ambivalent, es leitet eher von Gott weg, als zu ihm hin. Das ist die Erfahrung, die auch das Johannesevangelium teilt. Es übernimmt dabei (natürlich) nicht die Vorstellung von zwei einander widersprechenden Göttern; aber es akzeptiert die Weltsicht der Gnosis: Wer (philosophisch oder naturwissenschaftlich) nichts weiter sieht als die Welt, die uns umgibt, der kann nicht dahin kommen, sich selbst als Menschen zu *erkennen,* der wird zur *Wahrheit* Gottes nicht finden, über dessen Leben lagert als letzte Bestimmungsmacht seines Daseins der Tod. Und der Grund: er wird *Gott* nicht *erkennen;* er wird *die Liebe* nicht finden. Alle Versuche der Theologen vom 2. Jh. an bis heute, Gott zu demonstrieren aus der »Schöpfungsordnung«, sind im Grunde müßig, sie sind mißlungen, denn sie führen eher in Verwirrung, als daß sie hilfreich wären. Dieser Abgrund zwischen Welterfahrung und Gottsuche läßt sich nicht schließen, weder aus der Deduktion rein metaphysischer Begriffe, wie das Wesen Gottes an und für sich ist, noch viel weniger empirisch-induktiv, indem man aufsteigt von den Erfahrungen der Welt, wie sie wirklich ist.

Eben deswegen geht *Johannes* einen ganz anderen, einen dramatisch anderen Weg: Man hat seine »Christologie« oder besser, seine radikale Christozentrik immer wieder zu einem Steinbruch dogmatischer Lehrgebäude genommen, gefüllt mit äußerst schroffen, ja, unversöhnlichen Aussagen, nicht zuletzt gegenüber dem Judentum, aber auch gegenüber anderen Religionen. Um so wichtiger ist es, sich die existentielle Wahrheit der Aussagen des Johannesevangeliums klarzumachen: Erst wer einen Grund für sein Leben in der Liebe findet, vermag diese Welt als die Schöpfung eines guten Gottes zu entdecken; und nur der wird imstande sein, diese Welt überhaupt als »Schöpfung« wahrzunehmen. Dieser alles verändernde Ausgangspunkt einer Evidenz der Liebe, dieser Anfang eines *neuen* Menschseins aber ist für das Johannesevangelium einzig in dem Mann aus Nazaret gegeben. Zu Recht, muß man sagen. Denn dieser Mann glaubte beim Starren in den Abgrund etwas zu sehen, das er auf seine Art väterlich nannte. Es war nicht länger der »Gott« HERAKLITS (oder das Naturgesetz DARWINS), es sollte ein »Vater« mit menschlichen Gefühlen sein, anredbar, weil selber redend, hörend, weil selber verstehend, – *mütterlich* auch könnte man ihn, wie gesagt, nennen, denn das ist es, was *Johannes* eigentlich von ihm sagen möchte: Er ist *die Barmherzigkeit.* Wörtlich sagt er: *auf seinen Schoß hin ist alles;* hebräisch ist »Schoß« ein Wort, das in der Mehrzahl *(rachamim)* eigentlich »mütterliches Erbarmen« bedeutet. Und das ist es, was Jesus entdeckte: daß wir einzig leben aus der Liebe, ja, daß wir überhaupt nur wirklich leben *wollen,* solange wir ein Gegenüber spüren, das uns anredet und uns meint, das *will,* daß wir sind. Eben deswegen nannte Jesus diese Macht »Väterchen« – so zutraulich wie ein Kind –; und eben deswegen nannte man ihn *den Sohn,* vergröbert übersetzt: das (ewige) Kind, der Kind-Gott hätten die Mythen der alten Griechen gesagt. *Der Sohn* wird die Lieblingsaussage denn auch des Johannesevangeliums sein.

Von daher läßt sich der Anfangssatz des Johannes-Prologs noch einmal anders, richtiger, übersetzen. Statt von »Anfang« sollten wir sprechen von Grund«, und statt von »Wort« sollten wir sprechen von »Angeredetwerden«. Der erste Satz des Johannesevangeliums müßte dann lauten:

Grundlegend (für das menschliche Dasein) *ist es, angeredet zu sein.* Entscheidend aber ist jetzt, daß *Johannes* dieses Angeredetsein ganz und gar in der Person und Gestalt des Mannes aus Nazaret *verkörpert* (»inkarniert«) findet. Seine Sprache von dem »Wort« Gottes korrigiert nicht allein die Vorstellungswelt der Gnosis, sondern in gewisser Weise auch die des Judentums jener Tage.

In der Vorstellung des Spätjudentums lag der Gedanke enthalten, daß Gott sich eigentlich nicht mehr in der Macht seiner eigenen Person offenbart, – sie ist zu groß für den Menschen, zu schreckgewaltig, und das kleine Menschenwesen ist zu furchtsam geworden, als daß es den Blicken seines Schöpfers standzuhalten vermöchte. Waren nicht die ersten Menschen schon, Adam und Eva, gekrümmt von Schamgefühl aus dem Garten der Welt verstoßen worden, weil sie die Nähe des Kommens Gottes nicht mehr vertrugen? Mußte Gott selbst ihnen nicht Fellröcke nähen, um ihre Scham voreinander zu bedecken (Gen 3,10.21)? Seither jedenfalls hat es nie mehr aufgehört mit der Angst und dem Schamgefühl. Als Gott selber redete im Wolkendräuen am Sinai, war's da nicht nötig, daß Gewitterwolken sein Antlitz umhüllten (Ex 19,18)? Mußte nicht Mose sogar eine Mauer errichten, auf daß das Volk nicht zu nahe an den Heiligen Berg heranträte (Ex 19,21–24)? Und leuchtete nicht am Ende sein Antlitz auf Grund der Gottesbegegnung so strahlend, daß er es verhüllen mußte, um die Menschen seiner Zeit nicht zu blenden (Ex 34,29–35; 2 Kor 3,7)? Wer vertrüge es schon, Gott zu schauen, und bliebe am Leben? *Das* ist die Erfahrung; also daß es genügen mußte, *der Kraft* Gottes zu begegnen, nicht mehr ihm selbst, wie er an sich ist. Vor diesem Hintergrund bildete sich die Vorstellung des Spätjudentums und der mittelalterlichen kabbalistischen Mystik, daß Gott seine eigene Weisheit, sein »Wort«, seine Einwohnung (seine »Schechinah«) wie eine Verstoßene, wie eine in die Fremde Verbannte unter den Menschen Wohnung nehmen lasse, als ein Etwas, das sich verirrt habe in die Herzen der Menschen und in den Trubel der Geschichte, doch das nun zurück möchte zu seinem eigenen Ausgangspunkt. Wo irgend Menschen von dieser Weisheit Gottes etwas in sich einlassen, kehrt sie ein Stück weit zurück in den Schöpfungsmorgen. Das Wort Gottes oder die Weisheit Gottes wurde auf diese Weise zu einem verselbständigten, im Herzen der Menschen lebenden Gebilde, das zwischen Gott und Mensch vermittelt. *Johannes* nun will sagen, daß Jesus, der Christus, eben das sei: eine Person, in der *die Vermittlung* lebe zwischen Himmel und Erde, zwischen Schöpfermacht und Menschenangst. Das ist es, was *Johannes* meint, wenn er sagt, Jesus sei *das Wort,* das *seit Ewigkeit bei Gott* war und das nun in die Nacht, in die Verzweiflung und *Dunkelheit* unseres Lebens getreten sei, in eine *Welt* voller Widerstände und Widersprüche, und doch imstande, jeden, der es *einlasse,* zum *Sohn Gottes* zu machen, zu »versöhnen« mit der Macht, der wir uns verdanken, und zu »versöhnen« mit dem, was wir selber sind.

Ein Haupt»argument« dabei bilden im Johannesevangelium zugunsten einer solchen »Christozentrik« die *»Zeichen«,* die der Mann aus Nazaret, auch historisch beglaubigt, wirkte. Wenn Jesus in den ersten drei Evangelien immer wieder Wunder der Heilung vollbringt, oft genug darunter an Menschen, die *stumm* sind, wenn er ihnen die Zunge öffnet, indem er ihr Herz von den Dämonen befreit, die den Menschen stumm machen, so offensichtlich deshalb, weil er uns selber *Redefreiheit* zurückgibt. Es ist die äußerst wichtige Erfahrung, daß es nichts gibt in dieser Welt, das einfachhin schlecht wäre, unbrauchbar, überflüssig, teuflisch womöglich. Erst vor dem Hintergrund der Heilungserzählungen der synoptischen Evangelien gewinnt die Aussage des Johannesevangeliums von Jesus als dem »Wort« Gottes ihre tiefste Bedeutung: sie löst die *therapeutische Dimension* von Sprache und Poesie in unserem Leben ein.

Von daher können wir alle Evangelien noch einmal ganz neu lesen, indem wir nur darauf achten, wie Jesus dort redet, wie einfach, wie klangvoll, wie viele Stimmungen und Gefühle ausdrückend, wie mutig, indem er es wagt, Probleme beim Namen zu nennen. »Eure Rede«, sagt er, »sei: das Ja ein Ja, das Nein ein Nein« (Mt 5,37). Es wäre das Ende der babylonischen Sprachverwirrung. Manch ein Zyniker möchte vielleicht denken, die ganze menschliche Kulturgeschichte bestehe in der wachsenden Fähigkeit, mit Hilfe der Sprache immer Ja und Nein gegeneinander auszutauschen und die Lüge zu vermehren unter dem Druck des immer engeren Zusammenlebens, – eine Flucht in die Sprache der Tarnungen. Seelische Heilung jedenfalls besteht in der Sprache einer reifenden Wahrhaftigkeit, gegründet in Vertrauen (»Glauben«) und Erkennen (»Gnosis«) und ermöglicht durch eine »Gnade«, die kein »Gesetz« zu verordnen vermag.

Immer wieder gibt es freilich Irritationen und Widersprüche, die sich gerade an der Absolutsetzung der Person Jesu in der »Theologie« des Johannesevangeliums entzünden. Deshalb ist es nicht ohne Bedeutung, darauf hinzuweisen, daß selbst eine solche Aussage wie: »Im Anfang war das Wort« nicht so singulär ist, wie sie erscheint; religionsgeschichtlich folgt diese Aussage vielmehr einem »archetypischen« Vorstellungsrahmen, zumindest dann, wenn man das »Wort« weit genug nimmt, um es mit Poesie und Musik in eins zu setzen. Vielleicht gibt es in der Geschichte der Menschheit keinen Gesang, der dem Prolog des Johannesevangeliums so ähnlich kommt wie ein aztekischer Hymnus aus dem 16. Jh. auf Nahuatl, der Sprache der Azteken, über den Anfang der Musik. Setzen wir statt »worthafter Geist« den »Geist der Musik« als eine Schwingung, die uns zu Herzen geht und die uns Freude schenkt über alle Trauer hinweg, die uns Lebensmut gibt anstelle von Verzweiflung und die uns ein Gefühl der Einheit vermittelt von allem, was ist, statt der zerspaltenden Feindschaft untereinander, dann läßt sich leichthin eine Brücke schlagen zwischen der Botschaft des Johannesevangeliums und der Erfahrung der Völker. Stoßen wir uns beim Zuhören dieses Gesangs im folgenden nicht an den indianischen Namen; wir erleben eine wunderbare Geschichte, wie die Musik entstand: Der Gott, der da heißt »der rauchende Spiegel«, der Gott der Erde und der Materie, in welcher das Sonnenlicht reflektiert, *Tezcatlipoca* also, bat eines Tages *Quetzalcoatl,* den Gott des Windes, die sich windende Schlange, den *Hurakan* also, der über die Steppe dahingeht, ins Haus der Sonne zu reisen, von der doch das Leben selbst stammt. Tezcatlipoca gab ihm genaue Instruktionen: Wenn er die Küste erreichte, sollte er sich der Hilfe der drei Diener Tezcatlipocas versichern: »Rohr und Meerschnecke«, »Wasserfrau« und »Wasserungeheuer«, die ihm als Brücken zum Hause der Sonne dienen würden. Dort angelangt, sollte er um Musikanten bitten, um sie zur Erheiterung der Menschen auf die Erde zu bringen. Die Musikanten aber, von der Sonne gewarnt, weigerten sich. Nur ein einziger der Musikanten, in weiße, rote, gelbe und grüne Gewänder gekleidet, widerstand der Versuchung des Windgottes nicht. Er ging mit Quetzalcoatl zur Erde und schenkte den Menschen die Musik; dieser Musikant war ein menschgewordener Himmelssohn, ein Gott, der herabsteigt, um die Menschen die Sprache des Gesangs zu lehren. Der Gesang, aus dem Nahuatl übersetzt, lautet wie folgt:

Tezcatlipoca, Gott des Himmels
und der vier Himmelsrichtungen,
kam auf die Erde und war traurig.
Von den äußersten Punkten
der vier Himmelsrichtungen rief er:
  Komme, o Wind!
  Komme, o Wind!
  Komme, o Wind!
  Komme, o Wind!

Über die traurige Erde verteilt,
hörte ihn der klagende Wind,
erhob sich über alles Geschaffene,
peitschte die Wasser des Ozeans
und zauste die Bäume,
bis er zu Füßen des Himmelsgottes
Ruhe fand und seine Sorgen abschüttelte.
Da sprach Tezcatlipoca:
    Wind, die Erde ist des Schweigens überdrüssig.
    Sie hat Licht, Farbe und Früchte,
    doch fehlt ihr die Musik.
    Aller Kreatur soll Musik geschenkt werden.
    Dem erwachenden Tag,
    dem träumenden Mann,
    der wartenden Mutter,
    dem fließenden Wasser und dem Vogel in der Luft,
    alles Leben soll die Musik erfüllen.
    Eile durch die grenzenlose Trauer
    zwischen dem blauen Dunst und dem Raum
    zum hohen Haus der Sonne.
    Umgeben sitzt dort Vater Sonne
    von Musikanten,
    die süße Töne ihren Flöten entlocken
    und mit glühendem Gesange
    das Licht ausstreuen.
    Eile, bringe die besten
    Musikanten und Sänger zur Erde.
Die schweigende Erde durcheilte der Wind,
durchmaß sie mit der Kraft seines treibenden Atems,
bis er erreichte das Dach des Himmels,
wo alle Melodien im Lichte wohnten.
Vierfarbig waren die Musikanten gekleidet:
in Weiß die Sänger der Wiegenlieder,
in Rot die Liebe und Krieg besangen,
in Himmelblau die Troubadoure der wandernden Wolke,
in Gelb die Flötenspieler, die Gefallen fanden
am Golde, das die Sonne von den Gipfeln der Welt holte.

Keine dunkelgekleideten Musikanten gab es.
Glänzend und glücklich waren sie,
ihr Blick war nach vorn gerichtet.
Als die Sonne den Wind entdeckte,
warnte sie ihre Musikanten:
  Da kommt der lästige Erdenwind.
  Stellt die Musik ein!
  Hört auf zu singen!
  Gebt keine Antwort!
  Wer nicht gehorcht, muß ihm
  auf die schweigende Erde folgen.
Auf den Lichtstufen des Sonnenhauses
rief der Wind mit lauter Stimme:
  Kommt, Musikanten!
Da antwortete keiner.
Der listige Wind erhob seine Stimme und rief:
  Musikanten, Sänger!
  Der höchste Gott ruft euch!
Doch blieben die Musikanten stumm
und tanzten im gleißenden Lichte der Sonne.
Da ergrimmte der Windgott.
Aus der Ferne trieb er schwarze Wolken
mit seiner blitzenden Peitsche heran,
das Haus der Sonne zu bestürmen.
Donner ließ er grollen.
Alles verkehrte sich, und die rote
Sonne schien zu ertrinken.
Angstvoll suchten Musikanten und Sänger
nun Schutz beim Windgott.
Sanft, damit er die zarten Melodien nicht verletze,
nahm der Windgott sie mit sich zur Erde.
Unten erhob die Erde ihr Antlitz
zum Himmel und lächelte.
Die erwachte Stimme seines Volkes,
die Schwingen des Quetzalvogels,
die Blumen und Früchte grüßten den Gott.
Als die Musikanten sich über die Erde verstreuten

und das Glück einkehrte,
da vergaß der Wind seine Klagen und sang,
Täler, Wälder und Seen liebkosend.
So kam die Musik auf die Erde.
So lernte alles zu singen:
der erwachende Tag,
der träumende Mann,
die wartende Mutter,
das fließende Wasser und die Vögel in der Luft.
Seit damals ist das Leben voll Musik.

Die Vorstellung von einem »Musikanten«, der aus dem Sonnenhause zur Erde kommt, um den Menschen die Musik zu bringen, besitzt zweifellos eine große Nähe zu der Konzeption von Jesus als dem »Wort« Gottes, das aus der Sphäre Gottes in diese Welt gekommen ist. Einwenden mag man, daß der aztekische Mythos über die »Herkunft« der Musik keine »geschichtliche« Dimension besitze, wohingegen sich im Johannesevangelium gerade das Ewige mit dem Zeitlichen in der historischen Person des Jesus aus Nazaret verbinde. Ein solcher Unterschied besteht, und er ist zweifellos sehr wichtig; doch vergleicht man lediglich die archetypischen Darstellungsformen miteinander, so hebt sich diese Differenz natürlich auf; ja, um diese Vorstellungsformen aus den verschiedenen Religionen und Kulturen in ihrer Aussageweite besser zu verstehen, sollte man sie als einander komplettierend und sich wechselseitig kommentierend betrachten.

So erzählen die südamerikanischen Yahuna-Indianer am Rio Apaporis, einem Nebenfluß am Oberlauf des Amazonas, von *Milomaki,* der ihnen die Musik brachte und mit ihr das Wissen um das Geheimnis von Tod und Auferstehung. Die Mythe, die Anfang des 20. Jhs. von dem deutschen Ethnologen Theodor Koch-Grünberg entdeckt und veröffentlicht wurde, lautet wie folgt:

»Vor vielen, vielen Jahren kam aus dem großen Wasserhaus, der Heimat der Sonne, ein kleiner Knabe, der so wunderschön singen konnte, daß viele Leute von nah und fern herbeieilten, ihn zu sehen und zu hören. Der Knabe hieß Milomaki. Als aber die Leute, die ihn gehört hatten, heimkehrten und Fische aßen, fielen sie alle

> tot nieder. Da ergriffen ihre Angehörigen Milomaki, der inzwischen zum Jüngling herangewachsen war, und verbrannten ihn auf einem großen Scheiterhaufen, weil er schlecht wäre und ihre Brüder getötet hätte. Der Jüngling aber fuhr bis zu seinem Ende fort, wunderschön zu singen, und als schon die Flammen an seinem Leib emporleckten, sang er:
>
> ›Jetzt sterbe ich, mein Sohn, jetzt verlasse ich diese Welt!‹ Als sein Leib von der Hitze anschwoll, sang er noch immer in herrlichen Tönen: ›Jetzt zerbricht mein Leib, jetzt bin ich tot!‹ Sein Leib zerplatzte. Er starb und wurde von den Flammen verzehrt; seine Seele aber stieg auf zum Himmel. Aus seiner Asche erwuchs noch an demselben Tage ein langes, grünes Blatt. Es wurde zusehends größer und größer, breitete sich aus und war am anderen Tag schon ein hoher Baum, die erste Paschiubapalme. Denn vorher gab es diese Palmen nicht. Die Leute aber machten aus ihrem Holz große Flöten, und diese gaben die wunderschönen Weisen wieder, die einst Milomaki gesungen hatte. Die Männer blasen sie bis auf den heutigen Tag, jedesmal, wenn die Waldfrüchte reif sind, und fasten und tanzen zu Ehren von Milomaki, der alle Früchte geschaffen hat. Die Weiber aber und kleinen Knaben dürfen die Flöten nicht sehen, sonst müssen sie sterben.«

Eine solche Erzählung kann uns helfen, die Aussage des Johannesevangeliums von Jesus als dem »Wort« Gottes so wiederzugeben, daß der Mann aus Nazaret uns lehren könnte, die geheime Musik der Welt im eigenen Herzen zu vernehmen und im eigenen Leben zum Klingen zu bringen. Ganz gewiß aber hilft uns ein solcher Vergleich zwischen den Religionen, die Botschaft des »Christus« nicht länger ausschließend gegenüber den fremden Kulturen und religiösen Überlieferungen zu interpretieren, sondern ihre in Wahrheit universal menschliche, einladende Bedeutung klarer herauszustellen. Erst so verstehen wir richtig. Denn wie anders als universell könnte die Person und die Botschaft Jesu wirklich sein *das Licht, das im Dunkeln scheint?*

Dreikönige: im Kleinen das Große finden

Wie konnte man berichten, die Heilige Familie sei arm gewesen, wenn doch Magier aus dem Orient dem neugeborenen Jesus Gold und Schätze dargebracht haben? – Diese Frage stellte sich Albert Schweitzer, als er noch ein Kind war. Und er hat recht. Die Geschichte von den Magiern aus dem Orient ist keine historische Erzählung. Sie hat sich nicht so zugetragen, wie man sie in der Zeitung lesen könnte. Historisch sind Leute wie Herodes; sie regieren mit dem Zepter der Macht. Und kündigt man ihnen an, es werde ein König des Herzens geboren werden, dessen Macht sich gründe auf die Sanftheit seiner Worte, auf die Magie seiner Liebe, auf den Zauber über das Herz der Menschen, wird er allen Verstand im Reich, sogar alle etablierte Frömmigkeit zusammenholen und beratschlagen, wie man dieses Heil vernichtet, ehe es Unheil stiftet für die Mächtigen. Selbst diese Farce wird man finden, wenn man die Zeitung aufschlägt, wie die Mächtigen sich die Ehre geben, der Frömmigkeit zu huldigen, listig, um sie zu erwürgen. Sie werden die Hände falten, um zu morden. Sie werden sich erkundigen, damit auch sie demonstrieren, wie sie sich dem wahren Herrscher der Welt unterwerfen, um ihn unter die Füße zu treten.

Gott sei Dank ist die Geschichte, die wir in der Zeitung und im Geschichtsbuch lesen können, nicht die einzige Geschichte. Es gibt eine andere Ebene, vom Menschen zu reden, und sie ist mindestens genauso wahr, vermutlich sehr viel wahrer, denn sie scheint in die Tiefen der Seele. Geschichten dieser Art mag man Legenden oder Märchen nennen; sie sind wahr deshalb, weil vielleicht nur die Märchen glauben, daß Märchen wahr sein können, und nur Legenden für möglich halten, Menschen könnten rein und wahr und getreu sich selbst und ihrem Schöpfer leben. Das aber müßten sie, wenn Gott zur Erscheinung kommen soll, denn Gottes Schönheit ist nirgendwo sichtbarer, als wenn sie sich widerspiegelt in der Schönheit des Antlitzes eines Menschen und in der Wahrheit seines Herzens.

Wie aber findet man die Schönheit eines Menschen und die Wahrheit seines Herzens? Davon eigentlich erzählt diese Geschichte von den Magiern aus dem Land des Sonnenaufgangs. Die christliche Legende hat gut daran getan, die Erzählung auszuschmücken und vollends zum Märchen zu stilisieren. Magier sind nicht genug, um die Wahrheit des Menschen zu beschwören, denn der Mensch ist ein König, wenn er seinem Stern folgt, also daß die Sterndeuter selber Könige werden. Und drei müssen sie sein auf der Suche nach dem vierten, einer unter ihnen schwarz und dunkel, so wie in allen Märchen der dritte Königssohn verwandt ist der Nacht, den Träumen und der Erde. Eine Suche nach der Menschlichkeit wird beschrieben, eine Wallfahrt zum Herzen, eine Pilgerreise zur Entdeckung Gottes in der Gestalt der Menschlichkeit. Sollte man so von einem jeden denken können, es stünde über seiner Wiege ein Stern am Himmel, der zeigt, aus welch einer Heimat er zur Welt gekommen ist, und ihm den Weg zurück weist? Die Sehnsucht nach dem Paradies wohnt so tief in uns, daß wir keinen Augenblick zu leben wüßten ohne die Aussicht unserer ewigen Heimat, die uns leuchtet, wenn die Nächte dunkel sind, und die uns in den Träumen, den Sehnsüchten, den dunklen Gefühlen vielleicht am nächsten ist – mehr oft als in der Helle des Tages und des Bewußtseins.

All dies wird es dann in uns selber wieder geben. In uns selber tragen wir die Gestalt eines Königs Herodes, die sich wehrt mit der Eitelkeit ihrer Vernunft, mit der Ausgeklügeltheit des Kalküls, mit dem Räsonnement des sogenannten Realismus. Jeder von uns, eh' er zu reifen vermag zu seiner wahren Gestalt, wird sich bedroht fühlen müssen von diesem König der Gewalt, der Macht, der äußeren Ordnung. Jedesmal, wenn wir dem Zauberreich der Phantasie, dem Wohlklang der Poesie, dem Schwingen des Herzens nahe sind, wird dieser König sich auf dem Thron erheben, wutschnaubend mit dem Fuß stampfen und laut durch seinen Saal schreien, daß sich Gefühle, Träume, Sehnsüchte und Gedanken dieser Art weder gehören noch schicken noch in die Welt passen. Denn anzupassen hat man sich im Reich des Königs Herodes. Fast möchte man beten für einen jeden Menschen, es möchte zur rechten Zeit ihm ein Engel des Herrn im Traum erscheinen und ihm sagen, daß er diesen König fliehen muß, daß er nie nach Hause kommen wird, wenn er nicht einen Umweg um die Schreckensgestalt dieses Fürsten macht. Es ist nötig, das stolze

Jerusalem und seine Mauern zu verlassen, um das kleine Betlehem zu finden, getreu dem Stern.

Im Herzen eines jeden Menschen leben wunderbare Verheißungen, geschrieben von den Fingern Gottes vor aller Zeit, denn der Ewige wollte, daß wir leben und daß es uns gibt. Er mochte nicht nur sein, er wollte zur Erscheinung kommen. Und man darf denken, daß die Erde stillsteht und die Sterne aufhören, sich zu drehen, wenn die Magier und die Könige niederfallen vor der Gestalt eines Kindes, um es anzubeten. Wenn wir fähig werden, im noch nicht Vollkommenen, im noch Unfertigen, im Anfanghaften das Große zu sehen, die Berufung zu entdecken, wird diese Welt ihren Frieden finden. Wenn wir das Kleine nicht geringschätzen, sondern seine wahre Größe zu ahnen beginnen, wenn wir merken, daß es kein Oben und kein Unten gibt, sondern nur eine einzige Welt Gottes, daß das Unten nicht niedrig ist und das Hohe nicht stolz sein muß, sondern alles sich zusammenfügt unter den Händen Gottes, die das Ganze umschließen, findet diese Welt ihre Harmonie und ihre Ganzheit.

Nun erzählt die Legende, die Magier hätten Gaben dargebracht: Gold, Weihrauch und Myrrhe. Man kann Geschenke, wenn sie passend und geschmackvoll gestaltet sind, eigentlich nur so machen, daß sie ausdrücken, was das Wesen des anderen ist. Man kann einander im Grunde nur schenken, was im anderen selber lebt und was sich in ihm selber verkörpert. Wie wäre es dann, wenn wir glauben dürften, einem jeden von uns gehörten solche Geschenke dargeboten vom ersten Moment, da er auf der Welt war, und sein ganzes Leben bestünde nur darin, die Bilder dieser Geschenke ausreifen zu lassen und zur Erscheinung zu bringen?

Gold hätten die Magier dem Jesuskind zu Füßen gelegt. Es ist das Metall, das geboren wird im Glutofen der Sterne. Wenn sie unter ungeheurem Druck und unvorstellbarer Temperatur sich zusammenpressen, wenn sie explodieren und ihr schweres Material an den Weltraum abgeben, formen sich später um neue Sonnen Planeten, in deren Gestein Spuren von Gold liegen. Durch die Jahrtausende wird dieses Metall keine Verbindungen eingehen; es wird rein bleiben für immer. Sollte man denken, daß das Kostbarste in unserem Herzen so geboren wird, oft unter ungeheurem Leid, ungeheurem Druck, Katarakten der Energie, die sich entladen und die dennoch schwer und kostbar sind? Und in einem jeden Menschen gibt es von diesem Gold zu entdecken, je mehr man ihn liebt, desto mehr jeden Tag. Es käme darauf an, daß wir den Menschen sehen lernen mit Gottes Augen, um Gott darin zu finden, und wir würden erkennen, daß ein jeder Mensch in sich kostbar ist wie Gold und daß es etwas gibt in seinem Leben, das ihn zu einem König macht, so würdig, so reich und so groß, denn eines jeden Menschen Leben kommt von den Sternen.

Und Weihrauch sei dem Jesusknaben dargeboten worden. Die alten Ägypter nannten es, ins Deutsche übersetzt, »das, was zu Gott macht«, wenn sie von Weihrauch sprachen, und sie malten dabei das Bild der menschlichen Seele, wie sie sich erhebt, einem goldenen Vogel gleich, zurück zu den Sternen. Auch dies sind wir Menschen, getragen von der Kraft der Sehnsucht, von dem Heimweh nach der Ewigkeit, berufen, zurückzukehren zu dem Ort, von dem wir stammen. Und beide, die Schwere des Goldes und die Leichtheit des Weihrauchs, leben in uns und beide sind wir ganz.

Dazwischen die Myrrhe, der irdische Weg unserer Endlichkeit und Sterblichkeit. Wir dürfen ihn gemeinsam gehen, und es gibt viel, das Herz eines Menschen zu trösten, gegen sein Leid, gegen seinen Schmerz, und viel zu erwecken an Hoffnung und Kraft, unterwegs auf der Wallfahrt zur Ewigkeit.

Eine alte russische Legende erzählt von einem vierten König, der hörte in seinem Reich in Rußland von dem Herrscher der Ewigkeit, der zur Welt kam, und machte sich auf, ihn zu suchen. Er nahm mit sich die schönsten Linnen, gebleicht in der Kühle des Schnees auf den Bergen seines Landes, die schönsten Perlen vom Flußgrund der schimmernden Ströme und nahm mit sich vom Honig der kostbarsten Blumen und Blüten auf den Feldern der Steppe. Dieser König, sagt die Legende, war noch nicht weit unterwegs, als er der Armut begegnete. Und er opferte sein Tuch, damit Aussätzige die Hitze des Fiebers und der Glut ihrer Krankheit auf der verwundeten Haut kühlen könnten an dem Linnen, gebleicht im Schnee auf dem Gebirge des Landes dieses Königs. Er opferte seinen Honig einer Frau, die nicht wußte, wie ihr Kind zu ernähren, und er opferte seine Perlen in einem Dorf, das vor Hunger verkam. Schließlich besaß dieser König gar nichts mehr, was er zu dem unbekannten neuen König hätte tragen können. Und sogar der Stern am Himmel versank vor seinen Augen, so daß er ein Landstreicher wurde, so wie immer, wenn Menschen ihre Hoffnung verlieren. Da er nichts mehr zu geben hatte, opferte er schließlich dreißig Jahre seines eigenen Lebens für den Sohn einer Frau, der zu den Galeerensklaven abgeurteilt werden sollte. Zerbrochen, zerlumpt und zerschlagen kam dieser König nach Jerusalem, dreiunddreißig Jahre zu spät, rechtzeitig aber, den König der Ewigkeit wiederzuerkennen am Kreuz inmitten des Leids. Denn der Mensch verdient jedes Opfer, und der Gott, der erscheint in der Schönheit des Menschen, will unsere Güte, unser Mitleid und unser Verstehen grenzenlos, wie er selber ist. Aller Reichtum unserer Hände wird noch goldener, noch kostbarer im Geschenk für die Größe der Menschen, die wir lieben, und nirgendwo ist Gott größer, als wenn wir ihn erkennen in der Armut, in der Kleinheit, denn sie wachsen zu ihrer Reife.

Den Träumen folgen und die Hoffnung retten

Geht zu allen Völkern und kündigt ihnen die Frohe Botschaft! Mit diesen Worten des Auferstandenen schließt das Matthäusevangelium. Es ist der Auftrag unseres Glaubens, die Chance für die Menschheit, menschlich zu leben, die mit Christus begonnen hat, durch unser Leben und durch unser Wort allen Völkern mitzuteilen. Es ist das Ende jedes Denkens in den engen Grenzen von Nation und Tradition, Kultur und Institution, es ist der Beginn einer Öffnung ohne Schranken. Was Matthäus als das Ziel seines ganzen Evangeliums formuliert, rückt er als Bedingung und Grund schon in das Leben der Kindheit Jesu, um damit auszudrücken, daß es wesentlich zu der Person dieses Mannes zählt, von Gott so zu reden, daß dadurch die Menschen aller Zeiten und Orte sich gemeinsam angeredet fühlen und in ihnen selber alles dieser Botschaft entgegendrängt. So hat man in der Bibel niemals zuvor gedacht. Noch in den Tagen Jesu stritt man sich darum, wie es möglich sei, an Gott zu glauben. Wird nicht der Messias kommen, wenn Israel treu seine Gesetze hält, und zählt dazu nicht als erstes, den Zwinggriff der Unterdrücker, das Unrecht der

Gewalt zu besiegen, mit der Sprache der Gegengewalt notfalls, wenn nichts anderes hilft?

Es war die erschreckende und ungeheuer sanfte Botschaft des Jesus von Nazaret, auf Gott so zu schauen, daß unser Herz weit würde zur Liebe für alle Menschen. Aber das geht nicht! hielt man ihm entgegen. Man kann das Volk Israel lieben, man muß das Volk der Erwählung, die Kinder Abrahams, lieben, und den Gott Israels, für ihn muß man eintreten! Aber man kann nicht im gleichen Atemzug unsere Hasser, die Römer, lieben, das ist Verrat an Gott! Und immer spaltete sich darunter der Glaube an Gott und die Menschheit. Wenig später nach Jesus hat dieses Denken wieder Fuß gefaßt, gegen den Willen seiner eigenen Worte. Selbst heute noch sind wir in der Kirche dem Frontenbilden, dem Grenzenziehen, dem Abriegeln und dem Aufspalten in der Gewalt nicht völlig enthoben. Wenn wir den Völkern der Erde die Botschaft des Christus zu bringen versucht haben, stützte sich noch bis vor kurzem der Gesang der Cherubim auf die Schwertspitzen der kämpfenden Bataillone. Und immer wurde als erstes bewiesen, daß wir die Kulturen fremder Völker vernichten und verbrennen müßten, damit um so besser dann Gott verherrlicht und sein Sohn verkündet würde: Es war eine Botschaft, die viel Macht und Geld brauchte, um sich zu erklären durch Einschüchterung und Angst. Selbst in unseren Tagen hat dies geistig nicht aufgehört. Wenn wir von Christus sprechen, wird als erstes bewiesen, daß alle anderen Religionen und Völker im Unrecht sind und belehrt werden müssen; sie haben zuzuhören, als allererstes; sie haben die Sprache unserer Kultur zu lernen, vorher verstehen sie ohnedies nichts! Und wir sind die Richtigen, die Erwählten, die für alle Zeiten im Besitz der Wahrheit Befindlichen!

Es ist von erschütternder Poesie, jene Texte des Matthäus am Anfang, noch in die Kindertage des Jesus zurückprojiziert oder – phantasiert, zu finden, denn das ist die Art, die mit Jesus zu tun hat. Da kämen die scheinbar auch in israelitischem Sinne Unbelehrten, die Heiden – von selber, freiwillig – von weit und seien imstande, im Feld der Astrologie dem Licht der Sterne in traumnahen Nächten zu folgen und diese Bilder der Seele für wirklicher zu nehmen als jeden Einspruch der äußeren Realität. So beginnt es mit dem Glauben an die Menschlichkeit des Jesus von Nazaret. Es gibt etwas im Menschen, das ihn sucht und will und von innen versteht, wenn man es nur läßt und nicht hindert! Womöglich sind die Menschen, die im äußeren Sinne gar nie belehrt wurden, schließlich dem Verständnis am nächsten. Und gibt es denn in unserer eigenen Seele nicht all dies: den Aufbruch der Sehnsucht und den Wunsch, *einmal* den Traumgeschichten zu folgen statt all dem, was äußerlich sich so fest beglaubigt? Es ist die Sprache, die die Menschen aller Zeiten und Zonen fühlen und reden, die Sprache der Märchen, in denen dies sich hier mitteilt.

Von drei Königen erzählt schließlich die christliche Legende, nicht mehr nur von Sterndeutern, und ermittelt die Dreizahl aus den Opfergaben von Gold, Weihrauch und Myrrhe. Aber dies erzählen die Geschichten der Völker rund um den Globus: wie drei Königssöhne in die Fremde ziehen, um das Heil zu finden, und darunter, im Suchen all unserer Kräfte, versammele sich all das, was wir sind, denn dieses Wissen um die Königswürde und den Goldglanz, der über jedem Menschenleben ruht, sei uns gegenwärtig und eines der kostbarsten Geschenke, die wir einander zu machen vermöchten: mitten in der Armut seien wir imstande, diesen Lichtglanz der Größe im anderen wahrzunehmen und ihm zurückzugeben. Wir seien imstande, im Bild des Weihrauchs das menschliche Leben so aufzuheben wie den Wohlduft eines Abendopfers, der aufsteigt von der Erde zum Himmel, und unser Leben sei wie ein Gebet der Freiheit, ungehindert bis zu den Wolken. Und es sei möglich, eine Sprache des Mitleids und der Linderung unter uns Menschen zu reden, dargestellt im Bild der Myrrhe, der Besänftigung des Schmerzes bis zur Betäubung, und all dies, die Schönheit, die Einheit mit dem Göttlichen und die Niedrigkeit im Schmerz umspanne unser Menschsein ganz.

Es ist sogar noch das Moment der Märchen in der christlichen Legende mit inbegriffen, daß der dritte der Königssöhne, anders als die beiden ersten, gewissermaßen minderrangig gewesen sei, von anderer Farbe und anderer Herkunft. Er, der dunkle Mohr, ist in den Märchen dem Heil am nächsten, und es kehrt die Welt sich um, in der wir immer schon wissen, wo oben und unten ist. Das ist ja die ganze Botschaft der Erscheinung des Herrn: daß die Leute auf den Thronen das Zittern ergreift. Es ist die Gegenbotschaft gegen die Logik all dessen, was wir Geschichte nennen und täglich in den Zeitungen lesen können und was in unseren eigenen Herzen oft grausam genug lebt: die Gestalt des Königs Herodes. Sie erweist sich immer erneut als gefährlich aktiv. Es ist nicht, daß sie von Gott nicht wüßte: es ist nicht, daß an ihrem Hofe nicht Priester und Texterklärer in Mengen zu finden wären. Es ist, daß sie Gott abzweckt für die Mittel der Macht und am Ende selbst die Religion benutzt zu nichts weiterem, als die Herrschaft zu verfestigen. Ein König Herodes tut viel für den Opferdienst, installiert den ganzen Apparat der zeitgenössischen Theologie, staffiert auch womöglich den Tempel mit Gold aus und gibt sich als Mäzen für die Sache der Religion. Und sie frißt ihm aus der Hand, wenn es gutgeht, die Religion, in Dankbarkeit und Abhängigkeit, wie ein wohldressierter Hund. Die Botschaft Gottes duldet nicht die Herrschaft von Menschen über Menschen und wagt es, uns auszusetzen der Angst, die uns überkommt, wenn man uns nicht mehr wie Hunde behandelt, wenn wir die Freiheit wagen müssen. Jeder von uns trägt in sich einen solchen König Herodes, der am Ende anbetet auf eine Weise, die nur tötet und hinterhältig genug ist, sich den Weg zum Kind von Betlehem zeigen zu lassen, einzig um auszurotten, termingenau, was da an Heil und neuwerdender Menschlichkeit beginnen könnte. Mit einem Wort: Wir müssen uns entscheiden, jeder für sich und die Kirche im ganzen, zwischen den Magiern aus dem Osten und dem Herodes in Jerusalem. Ja, es gilt am Ende die Hoffnung zu retten und noch einmal den Träumen Folge zu leisten, die in der Nacht mahnen, die Wege zu wechseln, den Häschern zu entkommen und die Heimat zu finden.

So fing es an, wenn man die Geschichte des Jesus von Nazaret liest mit den Augen des Herzens, mit der Poesie des Göttlichen, mit der Phantasie menschlicher Sehnsucht. Sie erfüllt sich, wenn die Träume wichtiger werden als die Dekrete derer, die sonst das Sagen haben, das Sagen hätten, ließe man sie mit sich allein.

Gott wohnt in der Grösse des Menschen

Die Erzählungen der Evangelisten um die Geburt Jesu erzählen nicht, was damals gewesen ist, sie möchten beschreiben, wer Jesus von Nazaret wesentlich ist und bleibt für alle Zeiten, und so versetzen sie die Erfahrungen der Menschen mit Jesus zurück an den Anfang. Alles beginnt in Szenen, die sich später im Inneren von Menschen wiederholen werden, die in das Kraftfeld des Mannes aus Nazaret eintauchen und eingebunden werden.

Vieles an der Darstellung des Matthäus (siehe S. 79 f.) mag uns heute zeitbedingt erscheinen. Da ist vor allem der Konflikt zwischen den Magiern und Sterndeutern aus dem Osten und der Haltung des jüdischen Königs mit seinen Schriftgelehrten am Hofe. Es ist die bittere Erfahrung des frühen Christentums spätestens nach dem Untergang Jerusalems, daß es immer schwerer wird und fast unmöglich ist, dem Volk der Berufung, Israel, den Glauben an den Messias im Sinn der Christen zu vermitteln, ja, es erscheint in dieser Anfangslegende aus dem Leben Jesu bereits als ein unüberbrückbarer, tödlicher Gegensatz: der König der Juden tötet den König der Juden, und die Verwalter der jüdischen Frömmigkeit stehen ihm zur Seite und sind ihm behilflich, indem sie das Richtige so auslegen, daß es zur Waffe im Kampf gegen denjenigen wird, der gekommen ist, alle Verheißungen Israels zu erfüllen. Bitterer und schmerzlicher läßt es sich nicht sagen, vielleicht auch nicht ungerechter und einseitiger. Auf der anderen Seite bleibt eine große Hoffnung, daß von fernher, nicht nur eigentlich aus dem Orient, sondern von allen vier Weltgegenden, die Unberufenen, die Heiden, die Völker der Geschichte um so zahlreicher sich drängen werden wie in einer großen Wallfahrt hinüber zum Ort des wahren Königs, nicht nach Jerusalem, aber nach Betlehem, und es wird die älteste Verheißung der Propheten in Erfüllung gehen. Was Israel galt, wird in der Kirche wahr werden. So wollte Matthäus es in dieser Geschichte sehen und beschreiben. Uns aber heute, die wir es lesen, die wir selber aus den Unberufenen, den Heiden, kommen, bleibt um so mehr die Frage, was dies denn ist zwischen den Magiern und dem König und was uns entscheiden läßt, je nachdem, anzubeten oder umzubringen, was uns leben lassen könnte. Die ganze Spannung zwischen Herodes und den Sterndeutern liegt in unserer eigenen Seele, und so beginnen wir die Geschichte noch einmal, über die Zeiten hinaus, für unsere Zeit und uns selbst als ein gültiges Bild zu verstehen.

Wenn wir heute hören, es müsse das Evangelium verkündet werden den Neuheiden hier in Westeuropa, fragt sich die Kirche fast verzweifelt, wo sie denn anknüpfen solle im modernen Leben der westlichen Kultur, die ihr so sehr zugeschüttet scheint mit äußerem Glücksstreben, Materialismus, Konsumgesinnung, kurzum mit einer unfrommen Unchristlichkeit schlechthin. Es mag sein, daß, wenn man uns am Tage agieren und reden hört, man kaum die Vermutung hegt, daß wir noch ganz anders sein könnten. In der Welt, die wir planen und machen, existieren keine Könige, die unterwegs sind, der Ankunft eines Sterns zuliebe eine heilige Wallfahrt quer durch Wüsten und Einsamkeiten bis zum Ort, wo der Stern stillsteht, zu wagen. Uns scheint die Welt griffig, planbar und machbar zu sein; Heiliges kommt darin kaum vor, Wunder, wenn wir sie nicht selber machen, existieren nicht. Wir sind hart geworden, so scheint es. Und wir ersticken vieles an Leben, das ist die Wahrheit. Es mag sein, daß wir sogar von der Religion gehört haben wie nach des Herodes Weise. Es ist ja nicht so, daß wir die heiligen Texte seit Kindertagen nicht bis zum Auswendiglernen gehört und in uns aufgenommen hätten; nur, was sie uns sagen, dient am Ende wieder irgendeiner Form von Machterhalt und Selbstbestätigung. Am Ende kennen wir alles, um nichts zu begreifen, und wissen alles, um doch niemals weise zu werden, und stehen da auf den Podesten und wissen selber nicht zu finden.

Mag sein, daß dies eine große Gefahr ist, die in uns allen existiert, aber wir sind nicht nur so, und jene wunderbare Geschichte aus den Anfangstagen Jesu möchte grad mit den Augen des Mannes von Nazaret uns doch auch ganz anders sehen. Fähig sind wir, heilige Geschichte wahrzunehmen. Es kann sein, daß manches, was wir da betrachten, unter den Augen des rationalen Bewußtseins wie Aberglaube und Unsinn erscheint. Wer wird sich schon kümmern um Sterne? Tatsächlich geht es sicher nicht um Astrologie und derlei Dinge, ob ein Komet oder eine Konstellation der Fische zu bestimmten Zeiten irgend etwas in Mesopotamien zu bedeuten hatten. Nicht das sind die Fragen, die uns jetzt bewegen. Aber was es doch gibt, sind nächtliche Gesichte, die uns sagen können, wozu wir bestimmt sind und wohin unterwegs, wenn wir's nur begreifen. Es gibt in den Einsamkeiten, wenn es dunkel wird, Augenblicke, da ist es flammend klar vor unserem inneren Sinn, daß wir aufbrechen müssen und nicht eher zur Ruhe kommen werden, als bis wir finden, wonach wir suchen. Und das ist jetzt die Frage: Wie finden wir uns wieder als Menschen, die suchen? Scheinbar sind wir so geschlossen, satt und eindimensional – die Wahrheit ist, wir können und müssen ganz anders sein in der Tiefe; unruhige, haltlose, in ihrem Verlangen nie befriedigte Menschen sind wir, und ein jeder von uns begreift dies auf seine Art, so daß vieles, was sich sicher gibt, eher eine Tarnung ist für die eigene Unsicherheit, und was groß daherschreitet, nur eine Ersatzbildung für das, was uns so gering und klein an uns vorkommt.

Es ist ein Gedanke, der einem beim Lesen dieser Erzählung von den Magiern am Hause der Heiligen Familie kommen mag, daß ein wichtiger Schlüssel zum Verständnis dieser Erzählung in den Gaben der Sterndeuter selber zu suchen ist. Die gewöhnliche Erklärung seit Vätertagen hat immer wieder in Gold, Weihrauch und Myrrhe verschiedene Formen des Christusbekenntnisses vermutet. Gold, das sei die Majestät und Königswürde des Christus, Weihrauch ein Bekenntnis zu seiner Göttlichkeit und Myrrhe zu seiner Menschlichkeit. Das ist ehrfürchtig gedacht, aber schwerlich zutreffend. Matthäus selber wird seinen Magiern nicht die theologische Bekenntnisformel des 5. Jahrhunderts zugetraut haben, und es ist auch nicht die Art, wie Menschen opfern, dem anderen zu sagen, wer er ist. Wenn wir einander etwas schenken, drücken wir etwas aus von dem, was wir selbst sind und an Empfindungen in uns tragen. Menschen opferten den Göttern Tiere, um zu sagen: wir selber sind Tiere, und sie trieben die Sündenböcke in die Wüste, um zu sagen: wir möchten uns loswerden als schuldhafte Tiere. Immer sagten die Opfer etwas über denjenigen, der opferte. Dann aber wäre es ein großartiges Bild, zu denken: Wir Menschen, wenn wir unterwegs sind, finden Gott, wie Jesus Christus ihn uns lehrte, in diesen drei Symbolen, des Golds, des Weihrauchs und der Myrrhe.

Da gibt es das Bild des Menschen, den man buchstäblich mit träumenden, nächtlichen Augen sehen muß, und dann steht er da, wie gemalt auf dem Hintergrund von Goldglanz, und der Schimmer des Himmels umgibt ihn. Mit den Augen des Tages mag er ein Wicht sein, ein Niemand, irgend etwas sehr Verkorkstes vielleicht, und es sprechen viele gute Argumente dafür, daß er so und nicht anders sein muß und etwas Besseres aus ihm nie werden wird. Aber schaut man genau hin, mit den Augen der Liebe und mit den Augen eines Traums, wie die Liebe ihn lehrt, sieht man denselben Menschen berufen zu einer Königswürde, und auf seinem oft so geschundenen Haupt, umspielend den Kranz seiner verwirrten Gedanken, erhebt sich unsichtbar die Krone eines Königs und die Berufung zu einer Souveränität und Freiheit, die in ihm Fuß fassen und leben möchte als die Bestimmung seines eigentlichen Wesens. So jedenfalls wollte Jesus, daß wir die Menschen und uns selber sähen. Er verlangte und glaubte, im Matthäusevangelium, daß wir Menschen nicht nötig hätten, uns demütigen zu lassen nur von dem Terror der Angst anderer. Fürchtet nicht die Menschen, haltet eure Wahrheit nicht im Verborgenen. Gott weiß um euch und er beschützt euch. Ihr seid mehr wert als alles sonst auf Erden. Ihr steht in der Hand des ewigen Königs. Ihr seid seine Kinder. – All das waren die Bilder und die Worte des Jesus von Nazaret. Wir Menschen haben etwas in uns, das geboren wurde im Schmelzofen der Sterne, das sich aussäte im Staub des Kosmos und sich neu verdichtete, um uns zu ermöglichen, etwas, das sich durchträgt, keine Legierungen eingeht und in sich als ein reines Metall die Jahrtausende überdauert. So etwas vom Himmel auf die Erde Gefallenes, im Inneren der Tiefe der Erde Wiedergefundenes ist ein jeder Mensch, und es ist nur die Frage, was wir sehen wollen, den Staub der Vergänglichkeit oder das Gold unserer Würde. Es ist die Größe des Menschen, die ihn Gott finden läßt, es ist das Kostbarste an ihm, das hinübermöchte, um anzubeten. Es ist nicht, daß man den Menschen lehren muß, fromm zu werden, indem man ihm als erstes seine Armseligkeit begreifbar macht, es ist, daß man ihn zurückfinden lassen muß zu dem, was er wert ist. Gold hat er mitzubringen, und es ist die Kraft in ihm, die sucht, bis sie findet, was Gott ist auf dieser Erde. Jesus von Nazaret hat so gelebt, war so und wollte, daß wir so sähen.

Und Weihrauch genauso. Was er bedeutet, wußte vermutlich kein Volk der Antike besser als die Kultur der Pharaonen am Nil. Wenn sie von Weihrauch sprach, gebrauchte sie ein Wort, das ins Deutsche übersetzt soviel heißt wie »das, was zu Gott macht«. Wenn im Abendopfer die Körner des Weihrauchs verbrannt werden und ihr Wohlduft zum Himmel aufsteigt, »wird« etwas zu Gott. Und so zeichneten die alten Ägypter die menschliche Seele wie ein Gefäß von Weihrauch, dessen Andachtswolke zum Himmel aufsteigt. Die Seele des Menschen selber sei das, was zu Gott macht, und ein Gott wohlgefälliges Abendopfer. So die alten Ägypter. Es ist ein ewiges Verlangen, hinauszuwollen über den kleinen Kreis der Erde, eine unendliche Sehnsucht, die sich erhebt und aufsteigt und zurück will zu den Sternen. Das sind wir Menschen *auch.* Und wieder jetzt: Man kann uns anschauen, indem man uns nur festlegt auf die Frage, woher wir kamen und was wir jetzt sind. Je mehr man uns zusammenpreßt in die Definitionen des Augenblicks, in die Bestimmungen der Gegenwart, desto mehr sind wir wie Tiere in einer Falle, ohne Vor und Zurück, Eingemauerte der Festlegungen, die jetzt gelten. Es kann so weit gehen, daß wir selbst das Gefühl unserer Herkunft und eigenen Geschichte fast verlieren. Wir wissen nichts mehr von einem Aufbruch im Osten, wir sind, was wir sind, das reine Faktum und nichts weiter, wir können nichts dafür, wir sind nie gewesen und wir werden nie etwas sein. Vieles, was man über Menschen denkt, läuft in diesen Fallbügeln des menschlichen Daseins zusammen, und es hat eine enorme Spannkraft, den Menschen einzuzwängen, bis zum Tödlichen. – Es gibt aber auch die andere, nächtliche Vision vom Menschen. Dann spüren wir und wissen wir, daß diese kleine Erde uns niemals zufriedenstellen wird und daß wir die hungrigsten und erwartungsvollsten, die am meisten hoffenden und schon deshalb oft am meisten verzweifelten Wesen dieser Erde sind. Was nicht von der Ewigkeit ist, wird uns nie zufriedenstellen. Was sich nicht von Gott her mitteilt, gilt uns nicht für das Wahre. Und so den Menschen zu sehen, in der Sehnsucht seines Suchens, in dem Verlangen nach Wahrheit, die nie ist, aber allmählich wird, grad in dem Mut des Fragens, des Zweifelns, des bohrenden Forschens und des Immer-weiter-Gehens, ist ein wunderbares Bild von uns Menschen. Weihrauch zu opfern bedeutet in diesem Sinn grad nicht, in einer feierlichen Welt sich einzurichten, in welcher alles erklärt ist, alle Fragen bekannt, alle Auskünfte gegeben sind, und der Rest nur zum Hersagen und Auswendiglernen dient. Es bedeutet, den Mut zu haben, an Fragen zu rühren, auf die es Antworten noch nicht gibt, wo etwas verbrannt wird, das grad, indem es sich zerstört, ein Stück vom Wohlgeschmack des Himmels auf die Welt bringt und freisetzt. Und so sind wir Menschen: immer im Aufbruch, immer voll Verlangen, nach Wahrheit und Liebe am meisten. Und so wird Jesus später sagen: Selig sind die Menschen, die Hunger haben nach Gott und seiner Gerechtigkeit. Schon weil sie Hunger haben, sind sie selig vor Gott. Das heißt es, mit den Augen Jesu den Menschen zu sehen, wie er Weihrauch nach Betlehem bringt.

Und dann stimmt es nach dem Gold und dem Weihrauch auch mit der Myrrhe. Nur schwache, menschliche Wesen sind wir, stets an den Abgrund gestellt, dicht am Rand des Verfalls. Menschen, die ein simpler körperlicher Schmerz um jeden Traum von Gott und alle Poesie der Liebe bringen kann, denen eine einzige seelische Enttäuschung genügt, in ihnen den ganzen Sternenhimmel einstürzen zu lassen, Wesen, bei denen die Erhöhung der Körpertemperatur auch nur um zwei Grad Fieberträume mit sich bringen kann, ausgesetzte, fühlende, zerbrechliche Wesen sind wir, eigentlich ständig unterwegs auch nach dem Arzt, der uns heilt, und nach Orten, die den Schmerz lindern, nach Rauschmitteln und nach Narkotika – nach Myrrhe – und ihrer bedürftig immer auch. Es ist ein Bild, das, wenn man es nicht falsch versteht, indem man wieder auf geheimem Weg den Menschen zu demütigen trachtet, doch lehren kann, mitleidig zu sein, mit uns selbst und mit den anderen, und nicht *mehr* zu verlangen, als wir geben können. Es ist etwas Wunderbares, unter den Augen Jesu damit rechnen zu dürfen, daß wir Menschen nur Menschen sind, in der Sprache seiner Zeit etwas aus Lehm und Wasser Zusammengeformtes, so haltlos, so ohnmächtig oft, Menschen, die als erstes in ihrer Verwirrtheit Worte des Verständnisses und der Begleitung brauchen. Vermutlich ist dieses Opfer der Myrrhe dasjenige, von dem aus man auch wieder all die anderen Formen des Menschseins entwickeln kann. Es ist jedenfalls der Punkt, an welchem Jesus am intensivsten seine eigene Botschaft formuliert. Zweimal sagt er bei Matthäus: Ich will überhaupt keine Opfer, sondern geht hin und lernt, was es heißt: Barmherzigkeit will ich. Und es wird das große Gemälde des Matthäus sein, wie es sein wird am Ende der Tage, wenn die Menschheit kommt, den drei Magiern gleich, von den Enden der Welt zu ihrem verborgenen König. Dann wird die Frage sein, welche Werke des Mitleids uns möglich wurden, indem wir die Not des Menschen zu lindern suchten mit der Myrrhe unseres Mitgefühls. Es ist nicht wahr, daß wir Menschen weit von Gott sind, vielmehr: Gott wohnt in der Größe des Menschen, in der Kraft seiner Sehnsucht und in der Sanftmut seines Mitleids. Und sie zu schenken, ist Jesus von Nazaret gekommen.

Taufe Jesu: wie der Himmel sich öffnet

9 So geschah es: In jenen Tagen kam Jesus von Nazaret in Galiläa und
ward hineingetaucht in den Jordan von Johannes. 10 Und gleich wie er
aus dem Wasser emporstieg, sah er die Himmel gespalten und den Geist
wie eine Taube herabsteigen auf ihn. 11 Und eine Stimme geschah aus
den Himmeln: Du bist mein Sohn, der geliebte, an dir habe ich Gefallen
gefunden.

Mk 1, 9–11

Alle Menschen, die unter dem Unrecht der Welt leiden, möchten gern, daß endlich ein Mann auftritt von der Art Johannes des Täufers: der das Unrecht beim Namen nennt, ohne zu beschönigen; der die Großen zitiert und ihnen die Leviten liest; der rundheraus und ohne Umschweife sagt, anklagt und an den Pranger stellt, was es an Bösem in der Welt zu bekämpfen gibt. Wieviel wäre gewonnen, wenn sich die Theologen heute entschließen könnten, so zu schreiben, so ehrlich, so unverblümt, so engagiert zur Änderung aufrufend, vor der Katastrophe warnend, Auswege zeigend!

Es zeigt sich jedoch immer wieder, daß es mit bloßen Bußpredigten nicht einmal für eine politische Kurzzeit-Taktik ausreicht, geschweige denn für eine langfristige Strategie gegen das Böse. Solange gegen das Böse geschimpft wird und Manifeste verlesen werden, solange kämpft man mit den Oberflächensymptomen. Man heilt nicht die Krankheit selbst. Zwar hat Karl Marx gesagt, es gelte, die Schande noch schändlicher zu machen, indem man sie publiziert. Aber wer es dabei beläßt, handelt nach der Art eines Mannes, der eine Grippe heilen will, indem er den Kranken auffordert, lautstark zu husten und zu schneuzen. Wer so denkt, muß wirklich recht naiv sein, so wie Sören Kierkegaard es ironisierte, als ob die Menschen mal gut seien, mal böse, mal rechtschaffen, mal boshaft, mal gutmütig, mal zornig, je nach Zufall und Laune.

Bereits die Psychologie zeigt, daß unser Verhalten nicht für sich genommen werden kann, sondern das konsequente Ergebnis latenter Haltungen darstellt, und offensichtlich hat Jesus eine ähnliche Auffassung von der menschlichen Schuld vertreten. Stets, wenn er von der »Sünde« des Menschen spricht, schildert er uns nicht als Leute, die unter anderem auch gewisse Schulden haben, sondern als Menschen, deren ganzes Leben nur aus Schuld besteht (vgl. Mt 18,23–35). Dann aber hat es natürlich keinen Sinn mehr, zu irgendwelchen »Änderungen« aufzurufen. Wenn jemand einen Offenbarungseid schwört, sind alle etwaigen Zahlungsaufforderungen nutzlos, und so verlangt Jesus zunächst nicht sogenannte Taten der Buße und der Umkehr, sondern er fordert als erstes entschieden dazu auf, vor Gott den Offenbarungseid zu leisten.

Jemand, der ab und zu einmal über den Durst trinkt, kann vielleicht aufgrund einer Gardinenpredigt gegen den Alkohol an seinem Verhalten etwas ändern. Aber alles ändert sich von dem Moment an, wo die Erkenntnis unausweichlich wird: der Mann *ist* ein Alkoholiker. Von da ab sind alle Mahnungen, Ratschläge und Vorhaltungen sinnlos, ja sie erreichen mit Sicherheit nur das Gegenteil: Der Mann wird noch mehr Schuldgefühle bekommen und sie mit noch mehr Alkohol hinwegspülen; man kann ihm nur helfen, wenn man ihn dazu bringt, sich zunächst einmal mit seinen Problemen und Konflikten – die im übrigen nicht im Alkohol selbst liegen – ohne Beschönigung, aber auch ohne neuerliche Anklage und Verurteilung anzunehmen. Er muß Vertrauen gewinnen, daß er auch mit seinen Spannungen und Schwierigkeiten leben kann, um eine größere Ichstärke zu bekommen, die am Ende auch die Fluchtwege seiner Haltlosigkeit überflüssig macht.

So ähnlich läßt sich jedenfalls die Haltung Jesu beschreiben. Für ihn sündigen die Menschen nicht, sie *sind* Sünder. Dann aber ist die Bußpredigt, das Pathos der religiösen Agitation, sinnlos, ja schädlich. Denn so fördert man nur die Angst hinter der Sünde. Man klagt das Symptom an, aber man bestärkt damit nur die Krankheitsursache. Die Menschen, die versuchen, das Unkraut im Acker vor der Ernte auszureißen, erreichen nichts und zerstören alles (Mt 13,24.30). Das Böse ist nicht säuberlich auf einen isolierten Umkreis lokalisierbar, es sitzt ganz und gar verfilzt mit seinen Wurzeln zwischen den Trieben des Guten.

Was also ist zu tun? Wird bei dieser Sichtweise nicht alles nun erst recht im Grunde trostlos und verzweifelt?

Man kann sich fragen, was Jesus bewogen hat, die Taufe des Johannes anzunehmen, dieses heftigste Dokument eines asketischen und leidenschaftlichen Kampfes gegen das Böse; wie war es möglich, daß er sich einer derart vordergründigen Praxis unterwerfen konnte? Denn es stimmt: jeder Mahnruf gegen die Sünde, jede Anklage gegen das Böse, wie sie Johannes in den Mittelpunkt seiner Taufe stellte, beseitigt die Schuld nicht, sondern macht sie nur noch aussichtsloser. Doch gerade dies ist womöglich der Grund, warum Jesus das Ritual der »Taufe« an sich vollziehen läßt, um es bis zu dem Punkt ernstzunehmen, an dem sein Sinn sich wandelt. Immer und überall zappeln die Menschen in den Netzen der Schuld, zerren sie sich bei all ihrem Willen zum Leben in den Tod. Was Jesus bei der Johannestaufe tut, scheint der phantastische Versuch zu sein, es einmal anders anzugehen: nicht auszuweichen und in neuerliche moralische Anstrengungen zu fliehen, sondern stillzuhalten, abzuwarten und dem, der auf uns zukommt, das Unmögliche, das von allen ausnahmslos für unmöglich Gehaltene, doch zuzutrauen: er komme nicht, um uns zu töten, er komme, uns zu retten! Gott in den Augen Jesu ist nicht der Halsabschneider und der Richter, als der er uns erscheint. Man kann, man darf, ja man muß, um überhaupt leben zu können, ihm zutrauen, daß ihm an unserer Freiheit, an unserem Leben liegt! Es ist, wie wenn sich Jesus in dem Zeichen der Johannestaufe selber in den Tod gibt, um sich und allen anderen zu zeigen: gerade so ist es der einzige Weg zum Leben. Alle gehen zu Johannes, um aus Angst vor Gott und seinem Gericht sich von den

Sünden loszusagen. Einzig Jesus glaubt nicht an diese Möglichkeit. Er kommt zum Täufer, um die Probe aufs Exempel zu machen und zu beweisen, daß zur Angst vor Gott keine Berechtigung besteht, daß man Gott offen alles sagen kann und daß nur dadurch alles gut wird, daß man sich ihm *überläßt.*

Die vielleicht wichtigste theologische Korrektur des ganzen Neuen Testamentes steht wohl nicht zufällig an gerade dieser Stelle! Markus schreibt noch ganz ungeschützt in seinem Evangelium, wie es die Überlieferung ihm sagte: Johannes taufte »zur Vergebung der Sünden«. Matthäus, ganz im Sinne Jesu, streicht diese Bemerkung: er sagt nur »Johannes taufte«. Sein ganzes Evangelium hindurch hebt Matthäus sich den Zusatz »zur Vergebung der Sünden« auf; und erst als Jesus vor seinem Tod den Jüngern den Segensbecher gibt und dazu sagt: »Dies ist der Kelch des Neuen Bundes, mein Blut, das vergossen wird für alle«, da lesen wir: »vergossen zur Vergebung der Sünden« (Mt 26,28).

Ein islamischer Mystiker hat seine Schüler einmal gefragt, worin die rechte Gottesfurcht bestehe, und sie antworteten: daß man Gott liebt. Der Meister aber schüttelte sein Haupt. »Nicht darin, daß ihr denkt, wir lieben Gott«, sprach er, »wer denkt: Ich liebe Gott, der steht noch unter dem Zwang. So sollt ihr sprechen: Ich glaube fest, daß Gott mich liebt. Das ist die rechte Gottesfurcht.«

Diese Haltung ist es, die in Wahrheit alles verändert. Bei der Taufe Jesu durch Johannes den Täufer sehen wir auf einmal, wie der Himmel sich öffnet und die Barrieren verschwinden; und Gott selber bekennt sich zu diesem einen und erklärt: »Dieses ist mein geliebter Sohn!« Mit solchen Worten kann Gott einen Menschen anreden, der über alle Angst hinweg sich mit Vertrauen an ihn wendet: mein geliebter Sohn. Gottes Geist ergreift Besitz von solchen Menschen. Denn nicht in Angst, in sogenannter Bußverkrampfung und im Schrecken ist Gott sichtbar; all das sind Erfahrungen, die Menschen machen, wenn Gott sich verbirgt. Sichtbar, hörbar wird Gott einzig im Vertrauen, oder besser: im Umkreis seiner Liebe, die unseres Vertrauens würdig ist.

Deshalb wohl taucht bei der Taufe Jesu im Jordan erneut das Bild von der Taube auf, die vom Himmel herabkommt als Verkörperung des Geistes Gottes, als Inbegriff der Art, wie Gott wirklich von der

Welt denkt und dem Menschen gesonnen ist: eine Taube des Friedens, eine Verwandte der dritten Taube, die Noah aussandte am Ende der großen Flut, um zu prüfen, wann wohl die Erde ihm wieder zum Grund unter den Füßen werde. Ein wunderbares Bild der Gnade und ein wunderbares Bild für die Art, in der Gott in der Gestalt Christi sich den Menschen zu erkennen gibt: keine Strafaktion, keine Ausrottung, kein Gegensatz mehr zwischen Gott und Mensch, sondern das Allerunwahrscheinlichste: Versöhnung zwischen dem Menschen und seinem Schöpfer.

Nachweis der Erstveröffentlichungen
(soweit nicht in *Der offene Himmel* ^{4}1991 abgedruckt)

S. 11 aus: Das Markusevangelium – Bilder von Erlösung. Zweiter Teil: Mk 9,14–16,20, Düsseldorf – Zürich ^{6}2003, S. 397–402: »Noch einmal Mk 13,26.33–37: Die Ankunft des Menschensohns«
S. 18 aus: Das Matthäusevangelium – Bilder der Erfüllung. Erster Teil: Mt 1,1–7,29, Olten und Freiburg i. Br. ^{2}1992, S. 307–312: »Mt 3,1–12: Johannes der Täufer«
S. 66 aus: Das Matthäusevangelium – Bilder der Erfüllung. Erster Teil: Mt 1,1–7,29, Olten und Freiburg i. Br. ^{2}1992, S. 286–294: »Mt 1,18–25: Die jungfräuliche Geburt oder: Das Weihnachten des Lebens« (gekürzt)
S. 79 aus: Das Matthäusevangelium – Bilder der Erfüllung. Erster Teil: Mt 1,1–7,29, Olten und Freiburg i. Br. ^{2}1992, S. 295–306: »Mt 2,1–23: Die Träume Gottes und die mörderische Wirklichkeit der menschlichen Geschichte« (gekürzt)
S. 95 aus: Zeitreisen – Reisezeiten, Solothurn – Düsseldorf 1994, S. 89–96: »Neues Jahr – wie die Zeit an uns arbeitet«
S. 101 aus: Zeitreisen – Reisezeiten, Solothurn – Düsseldorf 1994, S. 81–88: »Neujahr – der Wunsch für eine bessere Zeit«
S. 116 aus: Das Johannes-Evangelium – Bilder einer neuen Welt. Erster Teil: Joh 1–10, Düsseldorf 2003, S. 30–50: »Joh 1,1–18: ›Im Anfang war das Wort‹ – 2. Teil«
S. 155 aus: Das Markusevangelium – Bilder von Erlösung. Erster Teil: Mk 1,1–9,13, Düsseldorf – Zürich ^{9}2000, S. 136–141: »Mk 1, 9–11: Wie der Himmel sich öffnet«